敦煌語言文獻研究
上冊

黃 征 著

總序

　　浙江，我國「自古繁華」的「東南形勝」之區，名聞遐邇的中國絲綢故鄉；敦煌，從漢武帝時張騫鑿空西域之後，便成為絲綢之路的「咽喉之地」，世界四大文明交融的「大都會」。自唐代始，浙江又因絲綢經海上運輸日本，成為海上絲路的起點之一。浙江與敦煌、浙江與絲綢之路因絲綢結緣，更由於近代一大批浙江學人對敦煌文化與絲綢之路的研究、傳播、弘揚而令學界矚目。

　　近代浙江，文化繁榮昌盛，學術底蘊深厚，在時代進步的大潮流中，湧現出眾多追求舊學新知、西學中用的「弄潮兒」。

　　二十世紀初因敦煌莫高窟藏經洞文獻流散而興起的「敦煌學」，成為「世界學術之新潮流」；中國學者首先「預流」者，即是浙江的羅振玉與王國維。兩位國學大師「導夫先路」，幾代浙江學人（包括浙江籍及在浙工作生活者）奮隨其後，薪火相傳，從趙萬里、姜亮夫、夏鼐、張其昀、常書鴻等前輩大家，到王仲犖、潘絜茲、蔣禮鴻、王伯敏、常沙娜、樊錦詩、郭在貽、項楚、黃時鑒、施萍婷、齊陳駿、黃永武、朱雷等著名專家，再到徐文堪、柴劍虹、盧向前、吳麗娛、張湧泉、王勇、黃征、劉進寶、趙豐、王惠民、許建平以及馮培紅、余欣、竇懷永等一批更年輕的研究者，既有共同的學術追求，也有各自的學術傳承與治學品格，在不同的分支學科園地辛勤耕耘，為國際「顯

學」敦煌學的發展與絲路文化的發揚光大作出了巨大貢獻。浙江的絲綢之路、敦煌學研究者，成為國際敦煌學與絲路文化研究領域舉世矚目的富有生命力的學術群體。這在近代中國的學術史上，也是一個值得關注的現象。

始創於 1897 年的浙江大學，不僅是浙江百年人文之淵藪，也是近代中國社會科學與自然科學英才輩出的名校。其百年一貫的求是精神，培育了一代又一代　踏實地而又敢於創新的學者專家。即以上述研治敦煌學與絲路文化的浙江學人而言，不僅相當一部分人的學習、工作與浙江大學關係緊密，而且每每成為浙江大學和全國乃至國外其他高校、研究機構連結之紐帶、橋梁。如姜亮夫教授創辦的浙江大學古籍研究所（原杭州大學古籍研究所），一九八四年受教育部委託，即在全國率先舉辦敦煌學講習班，培養了一批敦煌學研究骨幹；本校三代學者對敦煌寫本語言文字的研究及敦煌文獻的分類整理，在全世界居於領先地位。浙江大學與敦煌研究院精誠合作，在運用當代信息技術為敦煌石窟藝術的鑒賞、保護、修復、研究及再創造上，不斷攻堅克難，取得了舉世矚目的成就，拓展了敦煌學的研究領域。在中國敦煌吐魯番學會原語言文學分會基礎上成立的浙江省敦煌學研究會，也已經成為與甘肅敦煌學學會、新疆吐魯番學會鼎足而立的重要學術平台。由浙大學學者參與主編，同浙江圖書館、浙江教育出版社合作編撰的《浙藏敦煌文獻》於二十一世紀伊始出版，則在國內散藏敦煌寫本的整理出版中起到了領跑與促進的作用。浙江學者倡導的中日韓「書籍之路」研究，大大豐富了海上絲路的文化內涵，也拓展了絲路文化

研究的視野。位於西子湖畔的中國絲綢博物館，則因其獨特的絲綢文物考析及工藝史、交流史等方面的研究優勢，並以它與國內外眾多高校及收藏、研究機構進行實質性合作取得的豐碩成果而享譽學界。

　　現在，我國正處於實施「一帶一路」偉大戰略的起步階段，加大研究、傳播絲綢之路、敦煌文化的力度是其中的應有之義。這對於今天的浙江學人和浙江大學而言，是在原有深厚的學術積累基礎上如何進一步傳承、發揚學術優勢的問題，也是以更開闊的胸懷與長遠的眼光承擔的系統工程，而決非「應景」、「趕時髦」之舉。近期，浙江大學創建「一帶一路」合作與發展協同創新中心，舉辦「絲路文明傳承與發展國際學術研討會」，都是在新的歷史條件下邁出的堅實步伐。現在，浙江大學組織出版這一套學術書系，正是為了珍惜與把握歷史機遇，更好地回顧浙江學人的絲綢之路、敦煌學研究歷程，奉獻資料，追本溯源，檢閱成果，總結經驗，推進交流，加強互鑒，認清歷史使命，展現燦爛前景。

浙江學者絲路敦煌學術書系編委會

二〇一五年九月三日

出版
說明

　　本書系所選輯的論著寫作時間跨度較長，涉及學科範圍較廣，引述歷史典籍版本較複雜，作者行文風格各異，部分著作人亦已去世，依照尊重歷史、尊敬作者、遵循學術規範、宣導文化多元化的原則，經與浙江大學出版社協商，書系編委會對本書系的文字編輯加工處理特做以下說明：

　　一、因內容需要，書系中若干卷採用繁體字排印；簡體字各卷中某些引文為避免產生歧義或詮釋之必需，保留個別繁體字、異體字。

　　二、編輯在審讀加工中，只對原著中明確的訛誤錯漏做改動補正，對具有時代風貌、作者遣詞造句習慣等特徵的文句，一律不改，包括原有一些歷史地名、族名等稱呼，只要不存在原則性錯誤，一般不予改動。

　　三、對著作中引述的歷史典籍或他人著作原文，只要所注版本出處明確，核對無誤，原則上不比照其他版本做文字改動。原著沒有註明版本出處的，根據學術規範要求請作者或選編者盡量予以補註。

　　四、對著作中涉及的敦煌、吐魯番所出古寫本，一般均改用通行的規範簡體字或繁體字，如因論述需要，也適當保留了一些原寫本中的通假字、俗寫字、異體字、借字等。

　　五、對著作中涉及的書名、地名、敦煌吐魯番寫本編號、石窟名稱與序次、研究機構名稱及人名，原則上要求全卷統一，因撰著年代不同或需要體現時代特色或學術變遷的，可括註說明；無法做到全卷統一的則要求做到全篇一致。

書系編委會

目次

上冊

我與敦煌學

　　我與敦煌學，如果要追溯源頭，那要回到 1980 年秋我在杭州師範學院中文系讀本科的時候。我是杭師院第一屆本科生，當時教學條件很差，我們經常搬個椅子到農田裏看書，圖書館也沒有幾本可看的書。我大學一年級是做作家夢，但是看了王國維先生《人間詞話》後覺得自己也屬於不適合詞章的人，於是就開始轉入研究。先是對現代文學感興趣，《新文學史料》每期必買，魯迅雜文反覆研讀。可是大二之後，我的學術興趣從現代文學轉到了古典文學，也就是我考上大學之前最喜歡的唐宋詩詞之類，而當時張錫厚先生的《敦煌文學》小冊子剛出版不久，我就買了一本坐在一間朝北的我稱之為「北斗居」的宿舍床頭閱讀，感覺非常新鮮有趣。這是我最早受到的敦煌學啟蒙吧，當時怎麼也想不到後來竟一輩子從事敦煌學研究了。與此同時，為了彌補學校圖書少的缺陷，我在中文系開了介紹信，經常騎半小時自行車到西湖孤山的浙江圖書館古籍部閱讀古書，那裏的圖書管理員老朱師傅、陳華師傅不厭其煩地為我把一摞摞的線裝書搬進搬出，諸

如許國霖《敦煌雜錄》、劉復《敦煌掇瑣》、羅振玉《敦煌零拾》等，以及繁體豎排的新古籍如王重民《敦煌古籍敘錄》、《敦煌曲子詞集》、任二北《敦煌曲校錄》之類，都是在那裏才有機會閱讀的。我一邊閱讀，一邊翻卡片櫃目錄，把想讀的書都做了詳細的分類目錄，逐漸形成了學科體系的基本概念。當時讀的書其實目標不是很明確，有感興趣的就借出來翻閱，多半屬於瀏覽。不過敦煌的材料，尤其是敦煌曲子詞的校勘解讀，我完整抄錄了好幾種，包括朱祖謀《彊村叢書・雲謠集》、冒廣生《新斠雲謠集雜曲子》等，手抄本現在還保存著。我在孤山古籍部還遇到了現在已故的陳植鍔先生，當時他正在撰寫碩士論文，他問我看古書想做什麼，我說主要是感興趣而已，準備寫一篇《六言詩初探》。於是他建議我考研，介紹我去找錢志熙，說錢志熙剛考取研究生，有考研經驗，我可以去跟他聊聊。這樣我後來與錢志熙（現任北京大學教授）成為朋友，幾年後經過努力也考上了杭州大學研究生。

　　我一九八五年秋考入杭州大學古籍研究所中國古典文獻學研究生班，同班七人，包括任平、王定煥、金永平、丁興根、鄭萬青、許建平和我。當時讀書很清苦，尤其古典文獻學，我們進門第一堂課，沈文倬先生就說做這個學問發不了財，但也餓不死，基本上靠國家養著，要耐得住寂寞。果然，有的同學覺得學這個沒用，後來做了報社記者，還有的則改行當了律師。不過我一直頂著家庭壓力，孜孜不倦地讀書學習，從未動搖。我覺得有那麼好的導師條件，不多學點學問，實在太可惜了。我在一九八六年的時候，因為聽了郭在貽先生的訓詁學課和《說文解字》課，開始比較多接觸敦煌文獻語言材料，做起了敦煌曲子詞、王梵志詩和變文的俗字、俗語詞研究，並到郭先生家裏單獨求教。郭先生給了我許多鼓勵和指導，我當時寫的每一篇論

文都經過郭先生的批改審訂，所謂「金針度人」，衣鉢傳授，終身難忘。一九八七年春，在郭先生家裏我見到了師兄張湧泉，當時張師兄正與郭先生商量合作校勘《敦煌變文集》的科研計劃，張師兄提議可以與我一起在郭先生指導下來做這個合作項目。郭先生很高興，覺得這個合作團隊會很強。其實直到那一天我才知道我們將進行一場上規模的合作研究，我也才第一次與張湧泉師兄見面談論。我不知道他從哪裏聽說我的研學狀況，也許是從同學那裏，也許是從郭先生那裏，反正第一次見面他就認為我跟他合作能行，他說此前與一位女同學合作比較費勁。郭先生與張師兄都是急性子，在他們的帶領下，我也慢慢加快了步伐。就在一九八七年這一年，中國訓詁學會在富陽舉行大會，會上王鍈教授提議重新校對整理《敦煌變文集》，出版一個新本子，並且認為我們的三人組合是最強的。於是我們正式提出了「敦煌學三書」的計劃，申請了國家社科基金項目，快馬加鞭研究起來。由於專心做學問，我畢業工作都沒有去找，後來郭先生說不要找了，他建議我留校到中文系古漢語古典文獻教研室任教。就這樣，我成了郭先生與張師兄的同事，合作團隊更加緊密，閱讀敦煌寫本縮微膠卷並撰寫校釋論文的速度快得驚人，以致於季羨林先生也很快看到我們的成果。一九九〇年在北京舉行敦煌學研討會，我與季羨林先生都在語言組討論，當我讀完論文的時候，季老拿著我手寫複印的論文問我：「你就是黃征啊？怎麼是個小夥子，看論文我還以為是個七十多歲的老先生，心裏奇怪怎麼還有我不認識的老先生呢？」原來我們那時候寫論文都跟導師學習，文章用的是淺白文言，老氣橫秋的，看不出是年輕人寫的。季先生還對我畢恭畢敬書寫的論文字體大為稱讚，他說這真是你手寫的嗎？像是印出來的差不多。不僅季羨林先生給我們很多鼓勵和獎掖，其他老先生也都對我們坐冷板凳的精神多有褒獎。記得

二〇〇〇年的夏天，饒宗頤先生路過杭州，通過省人大常委會副主任
毛昭晰教授找到我，說到了杭州，就想見見幾個人，其中敦煌學方面
的就有我。那是我第一次見到饒宗頤先生，此前他主編的新文豐出版
公司的《香港敦煌吐魯番研究中心叢刊》邀請我出過一本《敦煌語文
叢說》，書名是饒先生親自改定的，《序言》是他親筆書寫的（我保存
了影印件）。他在《序言》裏有對我的評價，也說了他與我導師姜亮
夫、蔣禮鴻和郭在貽先生的情誼。

　　我的寫作，能夠稱得上「文章」的，大概可以分類如下：一是詩
詞、散文，主要創作於中學畢業到上大學之際，或賦閒情，或抒忿
懣，後來也偶一為之，總數勉強可以「編為三卷」，留著晚年再來收
拾；二是古典文學、現代文學的研究論文，主要是大學期間所作，發
表了一半，例如我的論著目錄中的《六言詩初探》[1]、《絕妙佳詞〈採
蓮曲〉》[2]、《蘇軾〈山村五絕〉及其他》[3]等，未刊的有邊塞詩討論魯
迅雜文探微之類；三是訓詁校勘學論文，是碩士研究生期間才開始寫
的論文類型，例如《「爓火不息」解》[4]、《「踏破賀蘭山缺」句法解》[5]、
《「攝弊衣冠」的「攝」》[6]、《釋「減」「僅」》[7]等，此後也不斷有些
發表；四是敦煌俗文學作品與俗字、俗語詞、俗音等的專題研究，是
在一九八六年（碩士生的第二年）跟隨郭在貽先生研習訓詁學、敦煌
語言文字學後開始寫的，《敦煌陳寫本晉竺法護譯〈佛說生經〉校釋》、

1　《杭州師範學院學報》1982 年第 1 期。

2　《詞刊》1983 年第 3 期。

3　《杭州師範學院 83 屆畢業論文選》。

4　《社會科學輯刊》1986 年第 5 期。

5　《文學遺產》987 年第 2 期。

6　《中國語文天地》1988 年第 3 期。

7　《文史》1988 年第 31 輯。

《敦煌文學〈兒郎偉〉輯録校注》、《〈王梵志詩校輯〉商補》、《王梵志詩校釋商補》等一批論文像雨後春筍般地冒了出來。這第四類的論文，可以說是一發而不可收，年年有餘，以致於今。我一直認為我們古典文獻專業的研究生，論文品質是比較上乘的，大多言之有物，而且實際投入的精力比許多學科的要多。可是我們一開始往往很不自信。我在第一次見郭在貽先生時就很不自信，問的第一個問題是：「我做訓詁學研究會有成就嗎？」因為我本科畢業於師範學院，研究生讀的是研究生班（兩年制），感覺比別人差一截。沒有想到郭先生平時話不多，這次卻足足花費了半個小時來打消我的自卑和疑慮，使我一下子「長高了」許多。在後來的歲月裏，我一直很有信心，也很努力，眼看著從許多同學、同事身邊走過，趕在了他們的前面。所以我至今念念不忘我的導師郭在貽先生，是他真正把我帶上了學術之路。我還記得一九八八年郭在貽師特別告誡我：「不要只成個敦煌學家。」我體會那意思，是要我不忘訓詁校勘學的老本行，敦煌學對我而言只是跟訓詁校勘學相關聯的學科。後來我一直遵循這個原則，即以訓詁校勘學為根底，去研究、解決敦煌文獻中的問題。事實上也證明，從敦煌學到敦煌學是很容易流於膚淺的，研究者應該各自以本專業的優勢來鑽研敦煌學，使敦煌學的發展不斷向縱深發展，同時也不斷拓寬其研究領域。

　　說到我的老師，我真覺得很幸運。在本科階段，後二年我特別喜歡古典文學，杭州師範學院的樊維剛、羅仲鼎先生給了我很多的指點，並且也使我逐漸留意訓詁知識。一九八五年進入杭州大學古籍研究所研究生班，由於是個七個人的班，而且學制二年，導師不固定，所以第一年全靠自己摸索。不過我也因此感到很幸運：姜亮夫先生是我們的掛名導師，沈文倬、劉操南、龔延明、郭在貽、張金泉等都是

我們的任課教師，而且還邀請了數學、建築學專家沈康身先生給我們上古典建築史，不僅很開眼界，而且結識了比別人多的老師。我們的畢業論文指導，是由自己選擇導師的，我根據自己的情況選擇郭在貽先生指導，所以真正給我直接指導的是郭在貽先生。當然我也廣泛鑽研其他先生的著作，尤其是姜亮夫、蔣禮鴻先生的著作，他們都是敦煌學的著名專家，也都是文字、音韻、訓詁學家，而且還都是書法家。兩年學習後我順利畢業，並且在郭在貽先生的推薦下留校到中文系工作，第三年在工作崗位上通過論文答辯（當時對研究生班的特殊規定）。一九八九年郭在貽先生因病去世。一九九〇年，我在沒有人願意讀博士學位的情況下，考取蔣禮鴻先生指導的漢語史訓詁學方向博士生。因此，姜亮夫、蔣禮鴻、郭在貽先生都是我的導師。我之所以以訓詁校勘學為根底，而又從事敦煌文獻、敦煌語言文字學研究，是直接受到了三位導師的影響。

一九九〇年我在職考取蔣禮鴻先生指導的漢語史訓詁學博士生，並且受導師影響加入了九三學社。我的導師蔣禮鴻先生夫婦、郭在貽先生、洪湛侯先生，還有師兄顏洽茂先生，我們同在中文系古漢語古典文獻教研室，都是九三學社社員。蔣先生對我的影響也是巨大的，我大概一九八一年在杭師院讀本科的時候就與傅傑同學一起跑到杭州大學蹭課，聽過蔣先生的古代漢語課程。當時蔣先生正襟危坐，聲音清亮，教室鴉雀無聲。不過當時我怎麼也沒有想到十年後能夠成為蔣先生的入門弟子。因為我們那時候覺得蔣先生輩分太高，不敢叨擾老先生，所以也就只能蹭蹭課而已。蔣先生的《敦煌變文字義通釋》是指引我學術道路的明燈，他以精湛的考證與縝密的推理折服了我，我想我一輩子都達不到那個高度。不過我們在《敦煌變文校注》等著作中，亦步亦趨，用同樣的方法，却也取得了可觀的成績。蔣先生的理

論研究似乎沒有多少文字，但是實際上都貫穿在一字一詞一句的考證解讀中了。他的漢語史研究一縱一橫兩條線索的理論，看起來就幾十個字，但是却遠遠超過有的人洋洋灑灑數百萬言的專著。他的《中國俗文字學研究導言》，雖然只是一篇論文，而且發表後很久被人遺忘，現在看來真是遠見卓識，甩人半個世紀。他的訓詁研究「釋義」、「通文」、「解惑」、「溯源」四個層次理論，對我也很有啟迪意義，我在做研究時也總是力圖做到不獨知其然，而且要知其所以然。蔣先生嚴謹的科學精神，我覺得一方面來自乾嘉學派的考據傳統，一方面來自九三學社民主與科學的思想理論。我在這兩方面都受到了薰陶。

　　這裏收入的就是我從事敦煌學研究以來的文章，當然收得不全，主要是前十年在浙江的研究成果。文集中的《敦煌寫本整理應遵循的原則》，分別強調了「尊重原卷」、「不掠人之美」、「尋求確證」、「精通寫本文字符號系統」四個方面，是我自己努力遵循的原則，也是給其他研究者的參考和友情提示；《敦煌寫本異文綜析》分別對「因字形關係而引起的異文」和「因字音關係而引起的異文」、「因詞義關係而引起的異文」作了舉例分析，實際上表達了我對俗字、俗語詞、俗音等的基本認識，是我後來研究這些問題的立足點。我的文章談宏觀問題的比較少，所以這兩篇只反映了我的一些主要觀點。《敦煌變文釋詞》、《敦煌俗語詞輯釋》、《敦煌俗語詞小札》、《〈壇經校釋〉釋詞商補》、《魏晉南北朝俗語詞考釋》、《魏晉南北朝俗語詞輯釋》、《釋「接」》、《〈搜神記〉釋詞》等文，是我在訓詁學上的部分成果，力求做到符合「有所發明」、「無徵不信」的原則。這方面的更多成果，我主要融會在《敦煌變文校注》等大部頭的著作中了。《「踏破賀蘭山缺」——近代漢語中的一種特殊句式 VC_1+N+C_2》、《三字連文論析》是我在敦煌口語語法研究方面的努力，堪稱「訓詁式的語法研究」。我

在這方面成果不多，但是很特別，引起許多語法研究者的濃厚興趣。
《敦煌俗音考辨》開闢了敦煌俗音方面研究的新路子，分別歸納出「秀
才識字讀半邊」、「字音不正讀別字」和「音義乖互讀又音」三個俗音
生成的模式，《語言學年鑑（1994）》曾經予以關注。《王梵志詩校釋研
究綜述》、《王梵志詩校釋商補》、《〈王梵志詩校輯〉商補》是我碩士
學位論文的主要內容，後來又完成《王梵志詩校釋補議》，是對晚出諸
書的補訂和商榷。這次未收錄的《〈敦煌變文集〉在匯校中》、《敦煌
變文研究進展情況》、《說校勘中補改之難》及其對《伍子胥變文》、《李
陵變文》、《唐太宗入冥記》、《韓朋賦》、《廬山遠公話》、《韓擒虎話
本》、《敦煌變文集新書》的補校等，是我與張湧泉師兄在郭在貽師指
導下合作進行《敦煌變文集》校勘、註釋過程中由我執筆寫成的部分
階段成果。《〈敦煌歌辭總編〉校釋商榷》、《〈敦煌歌辭總編〉評議》
是我在敦煌歌辭校勘方面的見解，《輯注本〈啟顏錄〉匡補》、《〈劉子
集校〉匡補》、《〈敦煌遺書劉子殘卷集錄〉匡補》、《〈中國古代寫本
識語集錄〉匡補》是我對於幾種重要敦煌學著作在校勘、訓詁等方面
的訂補意見。另有《〈敦煌願文集〉輯校中的一些問題》分別探討了敦
煌願文的性質、價值和輯錄整理的必要性，《敦煌願文的整理和結集》
敘述了《敦煌願文集》收集的範圍、編輯的體例和主要內容，是我開
闢敦煌願文研究的重要計劃細節；《敦煌願文散校》、《敦煌願文考
論》、《敦煌願文〈兒郎偉〉考論》等篇，著重探討了敦煌願文的名義、
篇名、範本及其術語，都是具有開創性的研究。《敦煌歌謠〈兒郎偉〉
的價值》、《敦煌願文〈兒郎偉〉輯考》、《敦煌願文〈兒郎偉〉輯錄校
注》等篇，首次完整校錄全部敦煌本《兒郎偉》作品，並對其中民俗、
歷史、語言、文學等方面的問題進行探索，後來廣為學者們引用，饒
宗頤先生在為《敦煌語文叢說》作序時曾說「猶喜繼起有人，黃君征

以整理《兒郎偉》有聲於時，其尤傑出者也」。《敦煌陳寫本晉竺法護譯〈佛說生經〉殘卷P.2965 校釋》是我在敦煌佛經的校釋、考證方面的初步嘗試，也是我發表的第一篇敦煌學論文，重點是考證其中的俗字、俗語詞。該文以原文校釋的形式出現，出版社的編輯當我面就表示頗為不屑，但是郭在貽先生却大加稱賞，説「用來作為畢業論文也完全夠了」，對我真是莫大的鼓勵。除此之外，我還寫了一些評述、介紹的文章，例如《浙江敦煌學研究綜述》、《敦煌文獻中有浙江文化史的資料》、《敦煌語言文字研究者的一次興會》、《貴在有所發明——蔣禮鴻先生的精品意識》、《徐復先生對俗語詞研究的貢獻》等，是我對敦煌學史、敦煌學研究的材料、態度和方法等方面的基本看法。

敦煌寫本整理應遵循的原則

敦煌寫本有漢文、藏文、回鶻文等多種文字，這裏所要論列的只限於漢文寫本，其他文種的寫本有待於專家來談。同時，這裏所論列的雖然限於敦煌藏經洞出土的寫本，但也適用於吐魯番出土的和歷代傳承的相近時期的寫本。至於本文所説的「整理」，則包括輯、録、校、注、譯等方面，後者目前所見主要是漢文對外文的翻譯，而翻譯成現代漢語的成果不多，筆者也從未嘗試過，因而本文亦存而不論。

筆者從事敦煌寫本的整理始於一九八六年初，當時只是拿別人的校録本作補校研究，和大多數前輩學者與時賢一樣，用的是「旁徵博引」的理校法，根本沒有努力去尋找原卷資料對校。理校所得結論固然有許多是對的，但更多情況下是不精確的、迂曲的，甚至牛頭不對馬嘴。後來筆者發現本單位即藏有英、法、北圖藏卷的微卷，便嘗試性地核對了幾個王梵志詩的原卷微卷，驚異地發現各家校録文字與原捲出入頗眾，因而再作補校文章時便力求核準原卷，否則不敢妄發議論。尤其是與張湧泉用整整一個暑假多的時間逐字核對《敦煌變文集》

所用各卷微卷後，發現許多問題不讀原卷便永遠無法解決，甚至可能永遠不會被提出來。鑒於各家錄文多半存在不準確的缺陷，我們進而著手自己搞校錄，以期為學術界提供較可靠的本子，同時，筆者感到前賢漏收的卷號時或可見，有的卷子類別則迄今無輯錄本，因而筆者又著手進行增輯、初輯工作。同時為了儘可能一步到位，我們在輯、錄、校之後又進行了註釋工作。這樣，筆者在輯、錄、校、注等方面都有了嘗試，對這些工作中應遵循的原則也就不得不時常加以考慮。我想有許多從事敦煌寫本研究的前輩和時賢也都有類似的經歷和體會，他們更有資格談敦煌寫本整理的原則問題。他們的許多論著和整理出版的專集已成為我們整理敦煌寫本的典範，我們有必要將這些典範論著和專集中貫穿的重要原則加以歸納和強調，以便共同遵循。筆者不揣譾陋之至，略陳鄙見，敬祈海內外方家指正。

一、尊重原卷

敦煌寫本整理必須尊重原卷，不妄改，不妄增，不妄刪，不妄解。影印本、影錄本、摹錄本之類固然是尊重原卷的，因為它們能全真或近真地再現原卷面貌。一般的沒有條件附錄原卷完整照片的校錄本其實也能做到尊重原卷這一點，只要能充分注意原卷文字的俗、誤、衍、脫、倒、錯簡和旁補、旁改、勾乙、圈點等情況而在校記中加以必要的説明即可。當然校錄本總是錯誤難免，尤其是把手寫體改成鉛字之後。但影錄本和摹錄本由於校錄者的水平問題也同樣會存在不少錯誤。因此，不管哪種形式的校錄本，只要校錄者不是不加説明便憑主觀臆測增刪或顛倒、改動原卷文字以及肆意曲解文義，即使存在某些錯誤，也都算是尊重原卷的。至於把一些常用俗字迻錄為正字，這是迫於排版困難和為了一般讀者閱讀方便，一般無損於文義，因而雖不一一出校，也不算不尊重原卷。

（一）不得臆增原卷文字

　　有的校錄者僅憑主觀臆測，認為原卷某處必定脫了某字，於是輕率地給它加上，因為是「胸有成竹」，所以既無補脫符號作標記，又不作校記說明。例如：

　　1. 此人問訖，歡喜而歸，語其婦曰：「我明日定得綿絹。」明日平旦，即於黑闥門外云：「極解謿。」黑闥大喜，即令引入。當見一獼猴在庭前，黑闥曰：「謿！」此人即謿曰：「獼猴，頭如鎌祠尾如鑿，河裏搦魚無僻錯。」（S.610《啟顏錄》

這段話是筆者據微卷校錄的，但我們如對照《歷代笑話集》[1]中的錄文，就可發現：「黑闥曰：『謿！』」變成了「黑闥曰：『謿此獼猴。』」「此獼猴」三字絕不見於原卷，校錄本既未加補脫符號，又未出校[2]，憑何臆增？這一則嘲戲見於《太平廣記》卷二五三，既未注明據該處改或別處改，而該處相應句子作「命嘲之」三字，字面不同，亦不足以據改。實際上，在對話中，「謿！」就足以表達意思，根本不必補「此獼猴」三字。如果說校錄者是據上文「謿此水惡」之句類推而加，則敦煌寫本原卷可加字者未免太多，加不勝加。無論如何，不作說明便給原卷增字是不妥的，往往給未核對過原卷的研讀者造成誤會，以訛傳訛。《古代笑話專集·啟顏錄》[3]即完全沿誤了《歷代笑話集》的校錄。

1　上海古籍出版社 1981 年版。下同。

2　該篇錄文無校記，亦不註明卷號，但於錄文內間用小字夾入校語數條。敦煌寫本《啟顏錄》據筆者所知僅有 S.610 卷，經核對可知該篇錄文即據 S.610 卷校錄的。

3　上海古籍出版社 1990 年版。

（二）不得臆刪原卷文字

有的校錄本比原卷少了一到幾字、幾十字，這有兩種可能：一是無意中漏錄，一是臆測為衍文而故意刪去。凡故意刪去的都應有所標註，否則就是不尊重原卷。例如：

1. 岳神啟言使人曰：「豈敢專擅取他生人婦為妻？皆奉天曹匹配。伏惟使者照知，為諮說，即劣（當）恩幸。」（S.6836《葉淨能詩》）

例中「伏惟」以下《敦煌變文集》[4] 錄作「伏惟使者照為諮説」「知」字未予標註便被刪去了。這裏漏錄的可能性不是沒有，但更大的可能是校錄者覺得「知」字夾在中間破壞了四字句式，是個衍文，因而便逕予刪除。實際上我們可看出「照知」為詞，是「體諒」的意思，而「為諮説」是「為我稟告」的意思，原文不煩刪併。

2. 公子大喜云：「莊去此遠近？」白雲：「二十餘里。」此人欲逐侯白向莊。（S.610《啟顏錄》）

末句《歷代笑話集》錄作「此人欲逐向白莊」，刪一「侯」字而又顛倒「向白」二字，令人捉摸不清是無意搞錯還是有意刪乙，因為校錄者未作任何説明。

（三）不得臆乙原卷文字

有許多詞語或句式在文言、現代漢語中是罕見的，校錄者讀上去覺得很彆扭，於是便臆加乙轉而不作標註。例如：

4　人民文學出版社 1957 年第 1 版，1984 年第 2 次印刷。下同。

1. 懸（縣）令不知是岳神娶將，號天大哭，情纏綿。（6836《葉淨能詩》

「娶將」二字《變文集》乙作「將娶」，誤。「娶將」意思是娶走，而「將娶」則意思完全不同。

2. 衮（擒）虎亦（一）見，當時便問：「是公甚人？」神人答曰：某乙緣是五道將軍。」（S.2144《韓擒虎話本》）

「是公」二字《變文集》乙作「公是」，誤。「是」字在此並非聯繫動詞，而是一個名詞詞頭（或者說是準名詞詞頭），經常置於人稱代詞「我、你、他、伊」或指示代詞「這」之前，也可直接置於人名之前，除構成雙音節代詞或多音節名詞外，兼起強調主語的作用。例如同篇「是我今日朝現（見），必應遭他毒手」、《舜子變》「是你怨（冤）家修倉，須得兩個笠子」、《李陵變文》「是李叙（緒）不能自道」等，皆是。因此校錄者將「是公甚人」乙轉為「公是甚人」，顯然是由於主觀上想當然而造成的。

3. 夫人曰：「願相公為宅內良賤略說少多，令心開悟解。」（S.2073《廬山遠公話》）

例中「少多」一詞，《變文集》乙作「多少」，下文「且放闍梨更問少多，許之已否」句中的「少多」也被逕乙作「多少」。表面看來乙作「多少」是對的，符合我們的習慣順序，而且同篇中「與我更說多少，令我心開悟解」之句正作「多少」（令人費解的是《變文集》偏將此例「多

少」乙轉為「少多」）。但實際上古人「少多」、「多少」二詞並用，意思一般也沒有區別，北圖陽字二十一號《黃仕強傳》有「汝有錢不，與我少多，示汝長命法」句，《全唐文》卷二九四褚無量《太廟屋壞請修德疏》有「簡出少多，以應其變」之句，更早者則有《三國志》之例，皆可證。

（四）不得臆改原卷文字

我們説一般的不牽涉校勘的俗字逕改為正字，在不作文字研究原始資料的情況下應是允許的。但如果是罕見的俗字和誤字、借音字、古今字等則不可臆改而不加説明，尤其是在校錄者根本沒有確認該字究竟是什麼字的情況下。有的字，雖然極為普通，校錄者改後也加以説明了，但校錄者對改後的字根本不考慮是否適合原文意思，這也是不尊重原卷的臆改。例如：

1. 又大嗔曰：「痴老公！我兒正用十千錢買得子母兩婢，仍自嫌貴？」（S.610《啟顏錄》）

「正」字《歷代笑話集》逕改為「止」，誤。「正」有「止」（或「只」）義，為魏晉南北朝以來俗語詞，校錄者不假思索便以為是「止」的形近誤字而逕予臆改，未作任何説明。又同篇「侯白即報云：『馬有數等，貴賤不同：若足伎兩，有筋　　，好形容，直三十貫以上』。「若足伎兩，有筋　　」被改為「若是伎倆有筋　　」；又：「又問云：『作勿生即喫盡如許棗？』「作勿生」被改為「何物生」；「長作屋裏坐萌萌」之「作」被改為「住」，「只作如此喫即盡」之「作」被改為「做」，「擬作元遜頮」之「頮」被改為「頰」，「何因此間欲酢來」之「欲」被改為「飲」，皆誤。而且《歷代笑話集》是用繁體字排版的，唯獨此篇則

繁簡兼容，似乎是原卷照録。但我們一對原卷，就發現繁、簡關係完全亂了套，大量在抄本的唐開元年間不可能產生的現代漢語簡化字被夾進去了。這些都只能説是不尊重原卷的臆改。

2. 每歲元初，靈巖建福，燈然合境，食獻傾城。（S.4625《燃燈文（擬）》）

例中「然」字，《敦煌古俗與民俗流變》一書未作任何説明便逕改為「燃」。[5] 按《説文解字》：然，燒也。從火，狀聲。」徐鉉等按云：今俗別作燃，蓋後人增加。」可見「然」字本來就是從火（變成字下四點），而「燃」只是「然」的後起累增字，不應以今例古，把古本字都逕改為今字。這種以今例古、致失原貌的錯誤情況在一般校録本中極為普遍，例如「精」改為「睛」、「隊」改為「墜」、「孰」改為「熟」、「屬」改為「囑」、「馮」改為「憑」等等，都是不應該的。古今字的關係與異體字、繁簡字、正俗字的關係不同，可注而不可改。

3. 仰告三光殊（珠）淚滴，教他耶孃，甚處傳書覓？（P.401《曲子鵲踏枝》）

「孃」字《敦煌歌辭總編》[6] 改為「娘」，並在校記中註明原卷「耶娘」寫「耶孃」。這似乎沒有不尊重原卷。但是，我們只要稍微思索一下就可發現這仍然是不尊重原卷的表現。因為「娘」字在唐、五代時期與

5　見該書 372 頁。該書河海大學出版社 1990 年出版。

6　上海古籍出版社 1987 年版。

「孃」分用，「娘」是「娘子」的「娘」，而「孃」則是「耶孃」的「孃」，敦煌寫本中絕大多數用例中二字不相亂，有時「孃」寫作「娘」則完全是由於抄手只顧抄寫而不注意內容所造成的同音替代現象。同時代的傳刻古籍中二字相亂的例子就極難尋覓。對於這樣一個常識問題，在一部以繁體字排印的書中和原卷正確的情況下應該是不容置疑的，因而即使在改字後加以說明，仍然算不得尊重原卷。令人費解的是，《敦煌歌辭總編》在 P.2809 等卷《擣練子》「當前立，拜詞（辭）娘」、勸你耶娘小（少）悵望」等句中「孃」寫成借音字「娘」時，却未下一句校語，似乎校錄者認為二字已完全與現代漢語簡化字一樣合併於「娘」字了。

二、不掠人之美

古今中外所有嚴謹的學者都很注意尊重前人的研究成果，決不掠人之美。這其實是個學風問題，我們從自己的導師那兒都聆聽過這方面的教誨。學術要不斷向前發展，就必須在前人成果的基礎上進一步鑽研，有所發明，有所創新。因此，尊重前人研究成果，不掠人之美，這已成為學術研究必須遵循的原則。

但是，如果我們仔細核對現在出版的一些論著，就會發現重複前人研究成果而不註明的很多。重複前人成果，與前人成果完全相同（指某些部分）或大同小異（結論相同，但例證有多有少，等等），這主要有三種情況，一是成果發表的時間接近，誰也沒有機會參考對方論著，這是無法避免的重複，當然也就不算是掠人之美了；二是前人成果早已發表，但自己資料工做作得不夠或根本就是閉門造車，這只能是承認自己無知，而在別人眼裏則難免有掠人之美的嫌疑；三是前人成果早已發表，自己也參考採用了，但絲毫不加說明或只說明被採用的一部分，這就只能說是掠人之美、剽竊了。

（一）應盡量收齊前人的研究成果

我們在研究某一專題時，首先應盡量收齊前人的研究成果。例如研究變文，起碼應收集《敦煌變文集》出版之後的研究成果，同時注意收集該書出版前的校錄、考論文章，以及海外、國外的成果。我們在作變文匯校匯注工作之前，就曾廣泛蒐羅了一遍，然後把包括《敦煌變文字義通釋》專著在內的資料按所校注變文的《變文集》頁碼順序剪貼，各家說法依發表時間先後進行排比。雖然有的論文刊於港、臺地區或日本、法國等國家，或國內影響很小的刊物，一時收集不到或疏漏了，但至少基本成果是彙集了。從我們剪貼的資料看，有的論文重複了前人成果，其原因大概是未能做好資料工作。

1. 孤猿被禁歲年深，放出城南百尺林。淥水任君連臂飲，青山休作斷長吟。（P.3645《張義潮變文》附錄二）

這幾句中《變文集》校「孤」為「狐」、「斷」為「短」，徐震堮先生補校「孤」、斷」二字不誤，而「長」當作「腸」[7]；張金泉先生也與徐校同，但增加了校勘證據，而且考明這四句其實是唐代詩人曾麻幾《放猿》絕句，收人了《全唐詩》[8]。張文發表於一九八二年底，到了一九八三年中《文學遺產》又刊登了宇文卒的一篇短文[9]，內容完全沒有超出張文。又到一九八六年中《語言研究》刊登《敦煌變文校勘零拾》[10]一文同樣也有此條，但只有「孤」、「斷長」的簡校，似乎完全來自徐

7　徐震堮：《〈敦煌變文集〉校記再補》，《華東師範大學學報》1958 年第 2 期。

8　張金泉：《重版〈敦煌變文集〉試議》，《杭州大學學報》1982 年第 4 期。

9　見《文學遺產》1983 年第 2 期。

10　見《語言研究》1986 年第 2 期。

校，沒有參考張文和宇文卒之文。

2. 大漢三年楚將季布罵陣漢王羞恥群臣拔馬收軍詞文。（3697《捉
季布傳文》）

「拔馬」二字潘重規先生校：「己卷『拔馬』作『奴罵』。蔣禮鴻云：『拔
』就是『撥』」[11]又《燕子賦》：「但知捶兒（胸）拍臆，發頭憶想。」
江藍生校：「發頭，蔣書《釋容體》謂『拔頭』字又作『撥頭』、『鉢
頭』，義為『披頭散髮』論證可信；今疑『發頭』即『拔頭』『撥頭』」[12]
按：二家所引蔣師之書，皆為《敦煌變文字義通釋》初版和第一次增
訂本[13]中的內容，到 1981 年第二次增訂本作者便刪去了「拔就是撥」、
「拔頭又作撥頭、鉢頭」的內容（後一條全刪），因而我們在引用蔣說
時應以新增訂本為準，已被作者自己否定了的就不可當作他的觀點徵
引了。這也是資料排比未周的典型例證。

（二）應註明哪些是別人的研究成果

在我們的論著中，哪怕是編著的書中，都應該註明哪些是別人的
研究成果被採用的，哪些是自己個人見解，這對學術發展是至關重要
的。例如《敦煌變文字義通釋》，不僅每條考釋中出列前人甚至古人的
見解，而且註明了朋友、學生提供的未發表的一得之見。我們在撰寫
《敦煌變文校注》一稿時即完全稟承師訓，將所有採用的各家校説、釋
義都先列校釋者姓名，然後全引原文或節引原文，偶或亦採取不加引

---

11 見《敦煌變文集新書》，臺灣「中國文化大學」中文研究所 1984 年版。

12 江藍生：《敦煌寫本〈燕子賦〉二種校注（之一）》，載於甘肅人民出版社1982 年出
版的《關隴文學論叢》。

13 1959 年初版，1960 年第 2 版。

號的間接引用法，再然後才加上我們自己的按斷。這樣做看似繁瑣，却是十分有必要的。可以說學術界絕大多數作者都很注意這一點。但也有的作者例外，如上文提到的《敦煌變文校勘零拾》，文章開頭說：「王重民等六先生校訂整理的《敦煌變文集》出版以來，先後經徐震堮、蔣禮鴻……諸先生用力補校正訛，解決了不少疑難問題，成績相當可觀。但筆者三復此書及諸家校文，發覺仍有一些失校和誤校之處，今擷其要者，依原書次第，條陳如下，以求教於大方。」從這段說明文字中，我們可知作者是讀過徐震堮等先生的「諸家校文」的，而文內都是別人「失校和誤校」的。然而我們在撰寫《敦煌變文集校議》時發現，該文十二條校勘中有六條徐震堮先生都已講過，其中四條見於《〈敦煌變文集〉校記補正》[14]，二條見於《〈敦煌變文集〉校記再補》[15]，結論完全相同，只不過增加了假借、訛誤的旁證一至三例（有一條連旁證材料都不加）。我們知道，徐先生變文校勘的論文只有這兩篇，該作者既已「三復」「諸家校文」，則不能否認讀過徐文，而且無論是讀過兩篇或其中的任何一篇，都不能不對重複的條目（不是作者說的「失校或誤校之處」）作注。然而，作者對徐校的六條沒有一處註明，都完全掠為己有，成了自己的「發明」。徐文刊於1958年，該作者之文刊於1986年，相隔28年，二者關係一目了然。該作者「條陳如下，以求教於大方」，可惜徐先生早已不在人世，不能言提其耳了。但學術界自應對此類事件給予公道。

三、尋求確證

　　敦煌寫本的校勘、註釋、考辨等，都需論證。無論其論證是極詳

14　見《華東師範大學學報》1958年第1期。

15　徐震堮：《〈敦煌變文集〉校記再補》，《華東師範大學學報》1958年第2期。

或極略，如果我們能找到確鑿證據，那問題必然迎刃而解。因此，尋求確證應是我們整理敦煌寫本的重要原則之一。

1. 晏子對曰：「齊國大臣七十二相，並是聰明志（智）惠，故使向智梁之國去。」（P.2564《晏子賦》

「智梁」費解，《變文集》據 P.3716、3460 卷改為「智量」但沒有提出校改證據。筆者在參撰《敦煌變文集校議》時云：「『智量』據上句當作『智惠』『量』蓋即『惠』之形訛。」[16] 後來我的一位學生指出明清小説有「智量」一詞，但時代較晚，尚非確證；我的合作者吳偉在校錄 S.4428《印沙文》時發現「知量超群，行名絕代」句，別卷 S.5573 作「智量超郡，行明絕大」，則確證同時代有「智量」一詞《義同「智慧」。又後來我在《經律異相》中發現「智量」一詞起碼南北朝時期即已存在，因而證據更為確鑿。

2. 忽然起立望門問：「階下於當是鬼神？」（P.2648《捉季布傳文》）

「於」字 P.3697 卷作「干」S.2056、5441 卷作「於」黃雲眉、徐震堮等先生皆校作「敢」，認為「敢當」為詞，表示推測語氣。但這個流行於明清時期的「敢當」是否在唐五代宋初時期亦有用例？迄今無人提供。因而筆者在《校議》一書中校作「於當」，「於」通「為」（同篇內即有二字通假例），「為當」為選擇疑問詞。師兄蔣冀騁不同意此説，認為

16 岳麓書社 1990 年版，第 165 頁。

「于」、「於」有別，敦煌寫本中很難找到「于」字，又「為當」只作「為當……？為當……？」句式中的疑問詞，單個「為當」不能表達「是否是」的意思。[17] 其實這類問題我都能找出確證來補充説明。《變文集》251 頁第 6 行第 1 字、401 頁第 16 行「於地獄叉鑊」的「於」，原卷都即作「於」，只是該書排版時後一例被改掉了。《太平廣記》卷二四五引《啟顏録》：「晃詰之曰：『向人子而字父字，為是禮也？』」「為是」和「為當是」意義作用相同，都可解釋為「是否是」。因此，尋求確證是解決問題的金鑰匙。

3. 捻得鉢盂便勞鹿（撈摗），專怕堂中妻怪遲。（P.2324《難陀出家緣起》）

「勞鹿」二字《變文集》録作「勞廢」。劉瑞明校：「『飯』原作『廢』，從劉（凱鳴）文之校。劉文又言：『結合下文兩次「怕妻怪」，可知妻非樂於飯僧者，「怪遲」決非嫌撈飯遲緩。今謂「遲」乃「諸」之訛。《集韻》上平聲六脂韻稱脂切：諸，呵怒也。」此校誤甚。『遲』乃形容詞或動詞之後的附綴，無義，所以本文既有『怪遲』，又有『怪』的單音詞，而詞義是一樣的。先秦時的『栖遲』一詞義即為『栖』，又有『差池』義即為『差』，已開詞幹附綴無義的『遲』作詞尾的先河。又如……（略去了 300 多字）[18] 按：二劉所校皆臆測無據，橫生枝蔓，用了許多筆墨却毫不關題。這裏「勞（撈）」下之字原卷實作「鹿」而帶

17　《老老實實的「笨」學問——評〈敦煌變文集校議〉》，載於《古漢語研究》1991 年第 4 期。

18　《敦煌變文校釋商榷及新補》，載於《固原師專學報》1989 年第 3 期。該文所引劉凱鳴先生《敦煌變文校勘辨補》載於《蘭州大學學報》1983 年第 3 期。

草勢，《變文集》誤錄，遂被補校為「飯」。「鹿」為「攎」的省旁字或借音字。「撈攎」即打撈，佛經、變文中皆習見。如果校者能設法核對一下原卷，找出原卷字形確證，問題就簡單了。又「遲」字在上文有確證可鎖定其意義，根本不須用四五百字來探求深義。因為上文難陀向妻子「請籌蹔起却迴」，即給師兄盛飯後馬上回來陪妻子飲酒，因而怕撈攎飯食耽擱太久而被妻子責怪遲回。因此，「怪遲」就是字面意義，沒有必要去鈎深探賾。兩位先生在校勘上多有求之過深、脫離文意的缺憾，其根本原因就在於尋求確證方面不夠留意。

　　4. 生降十角於軍前，對敵能施於七縱。（P.3451《張淮深變文》）

「十角」，《敦煌變文校勘補遺》校作「十酋」。[19] 按：「十角」一詞《後漢書・南匈奴傳論》中已見，漢代指南匈奴左右賢王等十種貴爵，後來常用來指北方游牧部族各首領，《全唐文》卷一唐太宗《甘雨降大赦詔》有「雖復十角之寇，久變衣冠」句，卷一七三張鷟《又請削橛於塞上……》有「豈有釘橛遍地，斷十角之人蹤」句，其例頗廣，「角」決非「酋」之形訛，校者把這種情況列為「所校改的是明顯易辨的字詞」，共有五十八條之多，而以筆者論析則有三分之一以上的並非那麼「明顯易辨」。校者不作任何論證，當然也就沒有確證，却想輕而易舉地校改那麼多字詞，那是根本無法使讀者信服的。因此，在缺乏確證的時候我們不應輕易校改原卷文字。

四、精通寫本文字符號系統

19　《敦煌變文校釋商榷及新補》，載於《固原師專學報》1989 年第 3 期。該文所引劉凱鳴先生《敦煌變文校勘辨補》載於《蘭州大學學報》1983 年第 3 期。

　　要從事敦煌寫本的整理，無論是錄、校、注還是史實考辨，都應精通敦煌寫本的文字和符號系統，否則就往往失之毫釐，差以萬里。

（一）應精通俗字等

　　敦煌俗字千變萬化，往往不見載於字典韻書，必須我們自己在大量通讀敦煌寫本原卷中去熟悉和考辨。如：

1. 弟一讚：「一身危肥似風燈，二泉侵凌嚙井騰。（2003《十王經》

《敦煌本佛說十王經校錄研究》[20]「肥」字錄作「胞」，校云：S.3961『胞』作『危』。又「二」後之字錄作「鼠」。按：肥本為「肥」之俗字，但此處則為「脆」之形誤，S.3961作「危」乃「脆」之右半；「鼠」（原校「待考」）則是「鼠」的常見俗字。「二鼠」在佛典中特指日、月。像這類俗字在敦煌寫本中看似雜亂無章、變化莫測，但實際上自成系統，仍有許多規律可循，每個從事敦煌寫本整理的人，都必須下功夫瞭解它、精通它。

2. 太子曰：「必若須賣者，地則呉補黃〔金〕樹須盡掛銀錢。」（2344《祇園因由記》

「呉」字《變文集》錄作「須」，「補」則校作「鋪」筆者參撰的《敦煌變文集校議》則校「呉」為「俱」之形訛。今按：此字實乃「昃」之俗字。下文「言呉補黃金」之「呉」亦同。P.3614《千字文》：日月盈呉。」校之傳刻本異文，「呉」正為「昃」。又《龍龕手鏡・日部》：

20　甘肅教育出版社 1989 年出版。

「㫲，俗；㫉，通；昃，正。音側，日㫲也。」字形亦相近，略有變化而已。「㫲」音同「側」，上篇變文中正為「側」之借字，「遍滿」之義。《釋氏要覽》捲上「金地」條云：「金地，或云金田，即舍衛國給孤長者側布黃金買祇太子園，建精舍請之居之。」「側布」二字足以確證「㫉補」為俗字和假借字。

（二）精通書寫符號

1. 弟子不解鈴語，乃問之，僧曰：「鈴云：『蕩蕩朗朗鐺鐺，汝即可依鈴語蕩朗鐺子溫酒待我。」……僧曰：「鈴聲若何有別？」答云：「今日鈴聲云：『但冷冷打打，所以有別，遂不溫酒。」（S.610《啟顏錄》）

「蕩蕩朗朗鐺鐺」原卷如此，不用重文號，《歷代笑話集》於是照錄。但我們據下文「蕩朗鐺子溫酒待我」句「蕩朗鐺子」可知「蕩蕩朗朗鐺鐺」本應寫作「蕩＋朗４鐺｝」重文號在直抄本原款中應當偏右寫，乃多字重文法，校錄時必須錄作「蕩朗鐺、蕩朗鐺」，像鈴聲。可是由於抄手根本不看句意，據底本照抄，因而把重文號也改抄為文字了。與此相同，下文的「但冷冷打打」應作「但丨冷々打」，校錄出來就是「但冷打.、但冷打」，也是鈴聲，與前文「蕩朗鐺」音節一致。這就涉及了敦煌寫本符號系統。如果我們能精通這一系統，我們就能準確按作者或抄者的意圖來校錄註釋，而對抄手誤抄之處亦能正確校訂。

2. 鄠縣有人將錢絹向市，市人覺其精神愚鈍，又見咳（頦）頤稍長，乃語云：「何因偷我驢鞍橋之；將作下頜？」（S.610《啟顏錄》）

末句《歷代笑話集》錄作「何因偷我驢鞍橋去，將作下頷」，誤。這裏校錄者沒有理解「之…」是抄手表示點去「之」字的意思，却以為是個「去」，完全違背了原文。由此可見瞭解和精通敦煌寫本種種符號對整理敦煌寫本的重要意義。

　　以上粗述了敦煌寫本整理應遵循的四個原則，有的是科學研究各科普遍應遵循的，有的則突出反映在敦煌寫本整理這一特殊領域。當然，還有許多值得提出來的原則問題，只是限於篇幅不能詳備於此了。至於文中為了說明問題的重要性，舉了不少別人或自己出錯的例子，那完全是為了分析所需而不得不爾，尚祈諸家海涵。

（原載《敦煌研究》1993 年第 2 期）

敦煌寫本異文綜析

　　敦煌莫高窟藏經洞所出寫本數量巨大、複本眾多，而複本間或多
或少存在著文字上的差異；有些寫本雖非同一文章的複本，但內容相
近，部分文句基本相同，文字上也有一些差異；還有些寫本，在本卷
前後同樣內容重複出現，字面上大同小異。這些複本間、相近內容寫
本間以及同一寫本內相近文句間有差異的文字（包括字、詞、句），都
是本文所要分析的異文。敦煌寫本異文與歷代傳刻本異文從總體上來
說大抵相同，即都可以歸納為形、音、義三大類。但只要細加分析，
便不難看出二者仍有許多差別：寫本在字形上變化多端，不僅俗訛滿
紙、古今雜陳，而且往往人各一體，帶有濃厚的抄手個人風格和習慣
結字法，遠非傳刻本所能比擬；寫本在字音上只要二字同音或非常音
近就可互代，早已不受傳統文言常用假借字的限制。而且其「同音」
或「音近」的判別標準也已非傳統韻書的音系，往往因抄寫人所處時
代和所操方音而不同；寫本在詞義上因所寫文章大多口語性強，因而
互相代換的同義詞、近義詞中俗語詞比傳刻本（文言為主）大為增多，

而且往往別處罕見、頗費索解。因此，廣泛輯錄敦煌寫本中的異文，編一部類似《敦煌寫本異文廣錄》名稱的書並據以分析這些異文在形、音、義等方面的關係，便是敦煌學研究非常現實而有意義的一項課題。這一課題的完成，相信會給敦煌寫本以及吐魯番寫本和其他同時期漢文寫本的校錄、漢語文字學、音韻學、詞彙學等的研究帶來極大的方便。由於這項課題必須不厭其煩地逐一核對原卷，而且要盡可能多地搜查異本，因而勢難一蹴而就。這裏只是想根據筆者所掌握的部分寫本原卷異文作些分析，從形、音、義三大方面加以歸類，並對文中涉及的俗字、俗音等重要術語加以辨析、限定，以就正於海內外方家。

一、因字形關係而引起的異文

這一類異文比重最大，異文間的關係主要有：正字、俗字（包括通字）；簡體字、繁體字；古字、今字；正確字、形誤字；草字、隸字、楷字；以及避諱字、合文等。正確理解各異文間的字形關係是讀通敦煌寫本最基本的功夫。

（一）正字、俗字（包括通字）

字分俗、通、正，這是中國古代文字學家根據漢字在實際使用中所處的地位而確定的。如顏之推在《顏氏家訓・書證篇》中即已闡發這一觀點：「吾昔初看《説文》，蚩薄世字，從正則懼人不識，隨俗則意嫌其非，⋯⋯所見漸廣，更知通變，救前之執，將欲半焉。若文章著述，猶擇微相影響者行之；官曹文書，世間尺牘，幸不違俗也。」這「通變」的、「幸不違俗」的文字觀是十分可貴的，具有歷史發展的眼光。這裏把「文章著述」之類較嚴肅、鄭重的文章體裁歸為一類，它們的書寫文字必須用正字或接近正字的字體（大概指「通字」）來書寫；把「官曹文書、世間尺牘」另歸一類，則可以用俗字來寫。判別

是用正字還是俗字，完全根據文體而定，與創作人或抄寫人的社會地位無關。顏之推的俗字學在其後裔中得到繼承和發揚，形成一門家學。如唐顏元孫在其《干祿字書》[1]的序中說：「所謂俗者，例皆淺近，唯籍帳、文案，券契、藥方非涉雅言，用亦無爽。倘能改革，善不可加。所謂通者，相承久遠，可以施表奏、箋啟、尺牘、判狀，固免詆訶。所謂正者，並有憑據，可以施著述、文章、對策、碑碣，將為允當。」這是把顏之推的二分法（俗、正）析為三分法（俗、通、正），並給「俗」、「通」、「正」下了較為明確的定義。這裏「通」不是指通假字，而是指相承久遠的俗字，其地位介於正、俗之間（有許多後來地位上昇到正字）。俗、通、正的關係不是一絲不變的，隨著時代的發展，許多俗字變通字、通字變正字，而有的正字則降為俗字。

在敦煌寫本異文中，屬於這種正、俗關係的例子很多，如：

（1）而（布）曾馬（罵）陣輕高祖，曾（合）對三光自殺身。（3697《捉季布傳文》）[2]

例中「殺」字 S.5439、3197 皆作「煞」。《干祿字書》「煞敦殺：上俗，中通，下正。」據此，「煞」為俗字，「敦」為通字，「殺」為正字，而「殺～敦～煞」的正俗演變軌跡亦視而可察。「煞」（今皆改寫為「煞」，敦煌寫本二者並存）字較早見於晉葛洪《抱朴子》等書，可見起源頗早；敦煌寫本雖「煞」、「殺」並存，但通常所見多為「煞」字。從事

1　紫禁城出版社1990年出版的《顏真卿書干祿字書）據碑拓影印，較傳刻本為優。

2　《捉季布傳文》及下面的《葉靜能詩》、《下女夫詞》、《燕子賦》等皆已收入人民文學出版社1957年出版的《敦煌變文集》，但誤錄、誤校較多，故本文所引皆據原卷重新核準並標明卷號。

敦煌寫本校録者或有不明二字正、俗關係，於是多有同篇録文中二者並存或有時校「煞」為「殺」而有時又不校者。

（2）不知陛下懷龍分，輔佐江東狼虎君。（P.2648《捉季布傳文》）

「輔」字 P.3697.、S.1156 等卷皆作「輔」，蓋前者因字的右半為「甫」而亦類化成「甫」。類化現像在敦煌寫本中極為普遍，以至可歸納出一套俗字的類化規律。類化俗字從其產生原因來説可粗分為二類：一類是無意中不由自主地受上下左右的字或字本身上下左右及中外部件的同化、類化而形成的，如上例為左右間類化。又如 S.328《伍子胥變文》：「遊魂散漫隨荊棘。」「棘」為「棘」之俗字，上下類化；P.3697《捉季布傳文》：「朕聞舊酬（讎）荒回土。」「回」為「國」之俗字，內外類化；S.5440《捉季布傳文》：垂（埵）賞遳金條格新。」「遳」為「塠（堆）」之俗字，左與中類化而增筆。因上、下字影響而類化的現象更普遍，如 S.2037《廬山遠公話》：「崒峉萬岫，疊掌千嶒；崒屼高峰，崎嶇峻嶺。」「嶒」字本應作「層」，但因上下之字多從山旁，因而也就不自覺地從山了。又如 S.6836《葉淨能詩》：「高力士等面奉進上（止），當時棑枇（排比）裝束。」「裝」為「裝」之俗字，因下字「束」而類化。再如 S.5573《印沙佛文》：「智量紹（超）郡（群），行明（名）絕大（代）。「紹」顯然是因下字而類化從「君」的，據別本 S.4428「絀郡」異文為「超群」則可知「絀」乃「超」字。這些例證中的類化俗字都不常見，主要是由於抄手的潛意識作用造成的。另一類是有意地把某些字加以類化，以達到整齊劃一的審美效果，其主要根據是漢民族突出的分類學。例如字的部首類化，凡草本植物的名稱都從「艹」頭，木本植物的名稱都從「木」旁，如果有不是從「艹」從「木」的

字就給它們加上。又如許多從「扌」旁的動詞，本來是從「木」的（「打」字在《說文》中即從「木」旁），後來因其為動詞就類化成「扌」旁了。

（3）一自漢王登九五，黎庶朝（昭）甦萬姓忻。（P.2747《捉季布傳文》）

「甦」字 P.3697、2056 卷作「蘇」前者為後者之會意俗字。會意俗字自魏晉南北朝以來就不斷產生，《顏氏家訓》等書都列舉了許多。在《魏書‧藝術列傳》所載江式上表則是更早列舉這種俗字現象的：「皇魏承百王之季，紹五運之緒，世易風移，文字改變，篆形謬錯，隸體失真。俗學鄙習，復加虛巧，談辯之士，又以意說，炫惑於時，難以釐改。……乃曰追來為歸，巧言為辯，小兔為龜，神蟲為蠶，如斯甚眾，皆不合孔氏古書、史籀大篆、許氏《說文》、《石經》三字也。」其中列舉的「追來（逨）」、「巧言（誩）」、「小兔（毚）」、「神蟲（蛋）」四字全是會意俗字。這種會意俗字表義不表音，在敦煌寫本中也很多，如莫高窟題記中經常出現的「僧晉」（晉字又多變為㬜，再變為晉）即為其例。又如 S.328《伍子胥變文》：「我昔逃逝入南吳。」「逃」即「逃」之會意俗字，取意於「外走」。又如 S.6836《葉淨能詩》：「早知伏釖殿後。」「釖」為「劍」之會意俗字；P.3873《韓朋賦》：「宋王即遣捈之。」「捈」字 P.2653 作「㧖」皆即「掘」之會意俗字，取義於右半「入土」和左半的表動作義符。

（4）更有向前相識者，從頭老病總無常。（P.4254《破魔變文》）

「頙」字 S.3491 卷作「頭」，前者為減筆俗字。這種減筆俗字是在正字的基礎上減省筆畫而成的，與一般的簡體字（如「无」為「無」之簡體）不同，被簡化部分說不出表音或表義的道理，純粹是為了書寫方便。例如「惡」簡作「悪」，「總」簡作「惣」、「惚」，「江」簡作「江」，「興」簡作「興」，「辭」簡作「辤」、「辝」，「鬫」簡作「鬪」皆是。「佛」字在敦煌寫本中通常簡作「仏」，亦有簡作只有「亻」偏旁的，可謂五花八門。

（5）日埋一口，渾家不殘。（P.2491《燕子賦》）

「埋」字 P.2653 等卷皆作「埋」，前者為增筆俗字。增筆俗字是在正字的基礎上增加筆畫而成的。以前有許多學者以為漢字的發展過程是不斷簡化，筆畫越來越少。但我們在敦煌寫本俗字中所見的却是繁簡並存，筆畫增多的現象並不比減少的現象少。例如「英」寫作「萸」，「況」寫作「況」，「光」寫作「光」，「再」寫作「再」，「膽」寫作「膽」，「旗」寫作「旗」，「燕」寫作「鷰」，「腰」寫作「䁼」、「䁼」，「苑」寫作「菀」、「菀」皆是。產生這種增繁現象的原因許多是簡單的義符或音符被換上了完整的字，以及屋上架屋的累增字（如「架」寫作「榤」的不斷湧現。

（6）剪孽賊不殘，驅儺鬼無失。（P.3648《驅儺詞》）

「孽」字 P.3552，P.2569 皆作「蘖」《干祿字書》「孽孼：上庶孽，下妖孼。」按：「妖孽」的「孼」本亦作「孽」，後為區別二字而將妖孽之「孽」改換偏旁。這種俗字可稱為易旁俗字，在敦煌寫本中也不少見。

例如在 P.2999《太子成道經》中，「割截身體，節節支解」和「女且無因躰（替）阿娘」二句，從「骨」旁的「體」被改換成從「身」旁；同卷「撥棹乘船過大池」句，「棹」字 P.2924、S.548 卷換旁為「艞」，潛字 80 號則換旁為「橰」。其他如「口」、「言」互換，「竹」「艸」互換，「宀」、「穴」互換，皆是。

　　以上粗列了幾種俗字的類別，說明俗字非常龐雜但仍有章可尋，在敦煌寫本異文中都能排比而得。問題是如何確定判別俗字的參照系「正字」？俗字是社會生活中實際使用的不規範異體字，必須先知道正字才能確定哪些是俗字。在歷史上，秦朝最先頒佈過正字，但那是小篆，不適合於後來的隸書、楷書等；古代文字學家如江式等以《説文》、三體《石經》、孔氏古文、史籀大篆等為「正字」的依據，但那顯然也是不行的，不僅過於泥古，而且字體仍然是篆書之類。值得注意的是《魏書・世祖紀》所載：「（始光二年三月）初造新字千餘，詔曰：『在昔帝軒，創製造物，乃命倉頡因鳥獸之跡以立文字。自茲以降，隨時改作，故篆隸草楷，並行於世。然經歷久遠，傳習多失其真，故令文體錯謬，會義不愜，非所以示軌則於來世也。孔子曰：名不正則事不成。此之謂矣。今製定文字世所用者，頒下遠近，永為楷式。』」這裏「初造新字千餘」，雖已難得其詳，但從「今製定文字世所用者」之語可知是當時實際使用的字，「新字」並非臆構之字。始光二年即四二五年，才是北魏建國不到四十年之時，這「頒下遠近，永為楷式」的正字令對統治中國北方達一百多年的北魏的文字以及後世的文字一定有極大影響，難怪我們見到的北魏寫本及碑刻中「俗字」特別多，殊不知不少「俗字」在那時就已經詔頒為正字了。敦煌寫本中所以會有那麼多的俗字，想必與北魏以來的許多朝代都在不同程度上承認通字、俗字的合法地位有關。要真正弄清歷史上漢字的正、俗

情況，只有依據各代規定的正字才行，因為各時期正俗關係不完全一樣。可惜我們所得到的只有《干祿字書》等不完全的資料，許多字在當時是正是俗現在只能斟酌而定。

（二）簡體字、繁體字

這裏所說的簡體字與繁體字和俗字中增減筆畫或偏旁等所形成的減筆字、增筆字不同，它們是正字，只簡繁迥異而已。例如：

（1）萬代積古，城池廓落。（P.3555《兒郎偉》）

「萬」字 P.3468 作「万」二字為繁、簡字關係。《干祿字書》「万萬：並正。」這是說：「万」和「萬」都是正字，地位不存尊卑。但是《玉篇》則云：「萬，俗万字，十千也。」從漢字史來看，「萬」、「万」在漢代就已並存，而從字義來看則「萬」本是蠍子的象形字，假借為數詞，「万」則本身就取義於「十千」。因此我們不能說「万」是「萬」的俗字，「萬」也不是從「萬」簡化而來。在敦煌寫本中二字並存，而且「万」的使用頻率並不明顯低於「萬」，更不能說二字誰正誰俗了。

（2）故於三無數劫中，積修萬行。（S.2628《太子成道經》）

「無」字同篇 P.2999、S.548 皆同，但同樣句子的麗 80 號、乃 91 號《八相變》則皆作「无」《說文》：無，亡也。……无，奇字。」這兩個字也是漢以前就並存，敦煌寫本也用頻相當，只是繁、簡之別。此外如「棄」、「弃」，「煙」、「烟」，「禮」、「礼」，「甕」、「瓮」，「廟」、「庙」，皆是。

（三）古字、今字

　　古字和今字是相對而言的，「今」是相對過去某一時期的時間概念，不等於「現在」。因而「今字」又稱「後起字」。例如：

　　（1）寶燈王時，剜身千龕，供養十方諸佛，身上然燈千盞。（S.2682《太子成道經》）。

「然」字 P.2999 作「燃」前者為古字，後者為今字。《說文》：「然，燒也。從火，肰聲。」徐鉉註：「然，今俗別作燃。」「燃」字魏晉時已有，其產生原因一是「然」字已經常用作代詞等，二是「然」的下部義符已不明顯，所以就另造增旁後起字「燃」。敦煌寫本中「然」、「燃」並存，如《然燈文》諸卷中即是。有的校錄者在原卷「然」後加括號校作「燃」，那是疏忽了二字的關係而畫蛇添足。

　　（2）占見舅頭上有水，定落何（河）傍；要間有竹，塚墓城（成）荒。（P.2794《伍子胥變文》）

「要」字 S.328 卷作「腰」古今字。「腰」古作「要」象形，後因「要」常作動詞而且因楷書象形特徵不易看出，於是就增加肉旁。其他如「精」、「晴」，「弟」、「第」，「隱」、「穩」，「華」、「花」，「爾」、「尔」，「茶」、「荼」等皆是古今字關係。由於古今字的義項大多不對等，因而在校勘上應特別小心，可注而不可改。

　　（四）正確字、形誤字

　　「形誤字」又稱「誤字」、「錯字」、「訛字」等，與之相對的正確的字沒有十分合適的稱呼（如稱「正字」則易與正、俗之「正」混淆）。在敦煌寫本中形誤字極為常見。不過我們應把俗字與誤字區分開來，

二者性質完全不同。形誤字是書寫者偶然寫錯的字或因文化水平低而沒有正確掌握的字（有的字抄手重複寫錯，這只能説明他不會寫這個字），而俗字則是約定俗成的不規範字。敦煌寫本異文中就有大量這種正確字與形誤字，例如：

（1）題姓署名似鳳舞，書年著月象焉存（蹲）（P.3697《捉季布傳文》）

「焉」字 S.5440、S.5441 卷皆作「烏」即「烏」之俗字。「焉」因與「烏」形近而誤，「象烏蹲」義即像烏鴉蹲著，比喻點畫的姿態。「象鳥存（蹲）」S.5439、3197 作「似鳥尊（蹲）」「鳥（鳥）」也是「烏」的形近誤字。在同一篇變文中，P.3697「口呿目瞪妄（忘）收唇」句，「妄收唇」S.5439、P.3197 作「失水尊」「水」顯然是「收」的形誤字，「尊」則是「唇」的音借字。這種因兩個字形極其相似而造成的誤字在形誤字中數量最多，但也最易聯想到正確字。

（2）化作石人總不語，減刀割截血汪汪。（P.3883《孔子項託相問書》）

「減」字費解，但據 S.5674 卷作「鐵」乃知為形誤字。「減」與「鐵」字形上只有輪廓上稍微有些相似，如果沒有異文是很難校正的。又如 P.3716《晏子賦》：「健兒論金，嫽兒論説古。」這兩句也很費解，但據 P.2564 作「健兒論功，儜兒説苦」則知「金」為「今」之誤，「今」又為「功」之誤，下句「古」因「今」之對文和「苦」之形近而誤；「論」為「説」之形近衍文。尤其是不知何字的「嫽」，因有「儜」字異文而

知其為形誤字，因為二字在輪廓上略為相似而沒有音義上的聯繫。

（3）項託入山遊學去，叉手堂前啟孃孃。（P.3883《孔子項託相問書》）

「叉」字P.3833作「有」S.1392作「抄」，「叉手」、「抄手」義同，但何以會有異文「有」呢？這是因為寫書人先把「叉」讀作了「又」，而「又」和「有」音近，因而就把「叉手」誤作了「有手」。這種形誤字與正確字之間沒有直接的聯繫，須轉個彎子才能看出形誤的原因，因而校勘時難度較大。又如P.3555《兒郎偉》：「或良或賤，或美或惡。異止不同，形〔容紛泊〕。」「異止」費解，據P.3468卷作「舉止」可知「異」當作「舉」。然而二字並無字形上的相似處，怎麼會相誤？原來抄手把「舉」誤讀為「與」了，而「與」又寫了個音近的「異」，正確字與形誤字之間也轉了個彎子。

（4）骨（骭）是捉我支配，將（捋）出脊背，椛却左腿，揭破惱（腦）蓋。（S.6267《燕子賦》）

「椛」字不見於字書記載，據P.3666，P.2491等卷作「拔」可知為「拔」的俗字之訛。這種形誤字不是誤寫為另一個字，而是寫成了一個根本不存在的字。這種錯字與俗字不同，俗字在當時得到社會的承認，錯字則難以得到承認。又如S.5530《孔子項託相問書》：「兔生三日，盤地三宿。」「宿」字據S.1392等卷作「畝」可知為形誤字。又如P.3627《漢將王陵變》：見盧綰帳中不閿，霸王非常大怒。」「閿」字根本不存在，原卷抄寫者發現錯誤後就在右側改為「問」S.5949《下女夫詞》：「陋

足（漏促）更聲憙急，星流月色藏。」「憙」是個錯字，抄手發現後就以墨點圈去而直接改為正確字「急」。這種形誤字一般都較容易識別，但值得注意的是要與俗字區別對待，許多校錄者對大量常見的俗字都定性為「訛字」、「誤字」，甚至斥為「訛火」，那是不對的。

在敦煌寫本中存在那麼多的形誤字，其主要原因是這些寫本絕大部分不是出於作者之手，而是輾轉抄自別本，抄手往往在未理解文義的情況下照抄底本，因而畫虎不成反類犬的事就必不可免了。

（五）草字、隸字、楷字

敦煌寫本中幾乎各種書體都有，尤其是草字和楷字，往往在同一寫本中並用。隸字抄本主要見於南北朝時期，唐以後就很少了。有的抄本雖然屬於楷書抄本，但其中包含不少草書楷化、隸古定的現象。

（1）既是巡營，力號也无？」季布答曰：『「力號外示得。P.3627《捉季布傳文》）

「力」字 S.5437 作「有」前者為草書，後者為楷書。「力」在該卷中又寫作「九」「九」、「九」都是「有」字草書之變。如果我們沒有異文對照，很易把這個字誤認為是數詞「九」或別的字。同上 P.3627 卷：「枉煞平人數百千。」「數」是「數」的草字；「門家奏言：……」的「門」則是「門」的草字。又如 P.2344《祇園因由記》：二人欲見斷事，首陀天主恐斷事人為太子，故自化為斷事老人。」兩個「事」字 P.3784 卷皆作「事」，但《變文集》校錄者將前一草書「事」字却誤錄為「爭」。有趣的是 P.2344 連寫兩個草書「事」字後都又寫了一個楷書「事」字，可見草字、楷字並用不悖。由於草字較難辨識，因而極易校錄錯。如 P.2324《難陀出家緣起》，獨卷無異文可校，《變文集》便錄錯多字：被

妻纓絆孎來汐」，「汐（隨）」被誤錄為「修」；「香粳土（玉）拹滑流時」，「拹（稻）」被誤錄為「糙」「唯願世尊相拐受」「拐」字不易辨別，但通過常見「指受」一詞可知為「指」的草書之變，被誤錄為「拯」；「今言茲益善勻生」，「勻（自）」被誤錄為「其」。由此可見寫本異文的重要價值。

（2）更淈越牆來入宅，夜靜無人但說真。（S.5441《捉季布傳文》）

「淈」字 S.2056 等卷作「深」前者為草書楷化而成的俗字。「深」字草書作「㴱」等形，「宀」的右角向下拉長後即成「勹」而「勹」中的兩點連下「木」即成「米」。延長右上角的寫法很普遍，有的抄手還特別喜歡這樣做。例如 P.3833 王梵志詩：「如採水底月，似捉樹昫風。」「昫」即「吹」，此處為「頭」的俗字「𠫔」之訛；同卷「倏忽威靈歠，須臾勢乃窮」「歠」即「歇」字；「古來服丹石，相沟入黃泉」，「沟」即「次」字；「親姻共歡樂，夫婦作榮華」，「歡」即「歡」字。又如 P.3757《燕子賦》：「耕田人打兌，燮履人吃臞。」「兌」字 P.3666 作「兔」P.2491 作「兒」前者上端兩點是「兔」上端的草書楷化。類似之例，如「兑（免）」，「甪（角）」，「躞（奐）」，「怠（急）」，「邑（色）」等皆是。

（3）舍利邪當知，諸邪法如是。以萬億方便，隨宜而說法。其不習學者，不能曉了此。汝等即（既）已知，諸佛世之陳。隨宜方便事，天（無）復諸觝或。心生大觀喜。自知當作佛。（日本東京書道博物館藏《妙法蓮花經.方便品》）

這一段北魏時期抄的仍帶有濃厚隸意的佛經，在 P.2881《妙法蓮花經卷

第一》是用楷書抄寫的，試作比較：「舍利弗當知，諸佛法如是。以萬億方便，隨宜而説法。其不習學者，不能曉了此。汝等既已知，諸佛世之師。隨宜方便事，無復諸疑惑，心生大歡喜。」可以看出，「弗」、「佛」「叹」、「便」、「其」、「阤」、「觀」等隸字都與楷書結構不同。因此，楷、隸之間不僅僅存在字體上的差別，而且存在結體筆順、偏旁等方面的差異。

（4）令（冷）人肝膽，奪人眼光。（S.5437《漢將王陵變》

「肝膽」P.3627 作「肝膽（膽），前者「膽」是隸古定字。「肉」旁之字楷書逐漸改為「月」旁，從《説文》作「𡕨」而流沙墜簡作「肉」可知楷書中的「肉」旁來源於漢魏六朝的隸字。這類受隸字影響的楷字非常多，如「腸（脇）」、「𦙄（胸）」、「腦（腦）」、「脊（脊）」、「腱（腱）」、「肩（肩）」等皆是。又如 S.5949《下女夫詞》：賊來須打，客來須看。報導姑便，出來相看。」「便」字全篇反覆出現，但各卷寫法完全相同。「嫂」即「嫂」字，不見於《説文》，但武威漢簡中已經使用。由此看來，「便」字實來源於漢魏六朝的隸字。

（六）異文的一方為避諱字

　　古代的皇帝或其他最受尊敬的人的名字，當朝的臣民或受尊敬者的子孫、學生等都不能直接寫出來，須採用改換同義詞、同音字或缺筆字寫。例如唐朝避諱高祖李淵的「淵」，就用「泉」字代替；孔丘是古代最受尊敬的人物，「丘」就缺筆為「𠀐」。

（1）卒客無卒主人，暫坐撩理家常。（S.6267《燕子賦》）

「理」字 P.3666，P.2491 作「治」，前者為唐高宗李治的避諱字。由這對異文推測，用「治」字的抄本應是不必避李治諱的時代寫的，如五代、宋初時期或李治登位前，而用「理」字的抄本應是李治登位到唐滅亡或唐亡後因習慣而沿用的時期寫的。又如 P.3627《漢將王陵變》：「苦楚蒸煮療理。」原卷「理」字右側用小字改為「治」，這說明該寫本抄於唐亡之後，沒有必要再避諱「治」了。由於避諱，許多字改變了結構，例如「葉」、「牒」等字，因為字中有個「世」為避唐太宗李世民諱就改成了「葉」「牒」「愍」「緡」則變為「懋」、「緡」。

（2）隋文帝既以徐陵辯捷，頻有槜俊，無人酬對，深以為羞。（S.610《啟顏錄》）

「槜」字同卷中重複出現，如：但是有槜辯者，即方便引道衡見之。」「隋不知其人槜辯深淺。」這個字毫無疑問是「機」但為何要這樣寫？原來「機」與唐玄宗李隆基的「基」同音，於是城門失火，殃及池魚，連「機」也須避諱了。其避諱法是缺末筆，因為這個字在俗字中常寫作「檆」「檆」等形，「槜」正好缺末筆。該寫本抄於「開元十一年捌月五日」，正是李隆基在位時。

（七）異文的一方為合文

合文是指兩個字合寫在一個字形中，看上去是一個字而讀出來却是兩個音。合文早在甲骨文時代就普遍存在，但在傳刻古籍中却較少看見。在敦煌寫本中合文的出現次數很多，例如：

（1）朋年卅未滿，廿有餘，姿容窈窕。（P.2653《韓朋賦》）

「卅」「廿」P.3873作「三十」「廿」S.2922作「卅」、「二十」，「廿」、「卅」以及別處所見的「卌」即「二十」、「三十」、「四十」的合文，可以合起來寫而必須分開來讀，這與今日讀的「niàn」、「sà」、「xì」的合音完全不一樣。「廿、卅、卌」為合文，這是從韻文中推斷出來的，因為韻文各句必須考慮字數的整齊，要是把「廿、卅、卌」讀作合音就不合句式了。如 S.328《伍子胥變文》：「卅不與丈夫言，與母同居住鄰里。嬌愛容光在目前，列女忠貞浪虛棄。」「卅」只能分讀為「三十」二字。又同上卷有「卌二面大鼓籠天，卅六角音聲括地」二句，「卌二」「卅六」要分讀「四十二」「三十六」常見的合文還有「乞（某乙）、「荓（菩薩）、「蕏（菩提）、「苊（菩提）、「冊（涅槃）等。這些合文都是將雙音節常用詞通過簡化合併而成的。它們的使用頻率極高，頗有利於速記。敦煌寫本中許多字、詞出於速記的目的往往有省略寫法，如 S.2073《廬山遠公話》：「劜自稱鵬鳥，……」「汖自稱，却道……」「汖」即「闍梨」草書和省寫，下一「梨」字只用字的下部「小」來表示。這與合文已很類似，但其形體仍然未合併為一個字，因而還不算是合文。合文與偶然誤合的字更不一樣，P.2721《舜子變》「瞀叟淯」三字，後一字實際上是「泣日」（敦煌寫本「日」通常都寫作「日」）二字的誤合，誤合的二字往往不是一個常用詞，也很難找到其他用例。

以上舉例分析了敦煌寫本異文間的常見字形關係，一些較特殊的還有待於補充。

二、因字音關係而引起的異文

我們說敦煌寫本異文極其豐富複雜，其中同音借代、近音借代和俗音借代等因字音關係而引起的占很大比例。我們所見的敦煌寫本校錄本，如《敦煌變文集》，它的校記只是出校了少量的異文，許多不大影響文義但對瞭解當時語音實情有十分重要價值的異文被忽略了。像

《捉季布傳文》、《孔子項託相問書》等都有十個以上寫本，異文極多，但校錄本為免煩瑣都只作了比較簡單的校記，很不全面。另一方面，利用這些異文來研究音韻的學者，迄今幾乎都只是根據別人的校記來擇取材料，而不是親自核對原卷異文，這不僅所獲材料不夠完整齊全，而且在字形、字音的判別上勢必發生很多失誤。這就顯示出重新核對原卷廣輯異文的重要性來。較早利用這些異文來研究語音的，我們所見有邵榮芬先生的《敦煌俗文學中的別字異文和唐五代西北方音》[3]一文，此外有張金泉先生的《變文假借字譜》[4]一文等。前者選擇異文的標準非常嚴格，後者則除借音字外還收進了不少屬於字形問題的異文或別字。下面我們舉例來說明因字音關係而引起的異文和被誤認為是同音、音近的異文、別字。

（一）聲韻調完全相同的異文

這裏說的聲、韻、調相同的參照係是《切韻》系統，而不是敦煌寫本抄寫人的實際音系，因為敦煌寫本所反映的方音十分複雜。就算都屬於敦煌地區也存在不同方言小區的差別。兩個字如果聲、韻、調完全相同，那就完全同音。敦煌寫本中這種情況最普遍，如：

（1）臣憂季布多頑逆，不慚聖宅背皇恩。（P.3697《捉季布傳文》）

「宅」字 P.2648.、P.3197 等卷作「澤」二字皆澄母、陌韻、入聲，故「宅」可作「澤」之同音借字。又如 P.2653《韓朋賦》：『成功索女，始年十七，名曰貞夫。」「成功」二字 S.3227、2922 皆作「成公」為複姓，

「索」為「素」字俗訛，故「功」為「公」之同音借字（皆見母東韻平聲）。

（2）二相坐前相傸（摻）見，慚愧英雄楚家神。（S.5439《捉季布傳文》）

「神」字 P.3697、5441 卷作「臣」P.3197 卷作「神」而旁改小字「臣」。「神」為船母真韻平聲字，「臣」為禪母真韻平聲字，二字聲母由《切韻》音系來看相近而不相同。但我們從該篇幾個寫本經常「臣」、「神」相代來看，則抄手的方言音系中二字應是同音關係。如「半由天子半由臣」，「臣」字 S.5439、P.3197 亦作「神」，「賺到朝門却殺臣」，「臣」字上二卷又作「神」。這種字形間毫無相似之處而聲母相近、韻調相同的字，如果經常相借代的話，就可能是同音字而不是音近字。

（3）人皮（疲）馬乏，暫欲亭流（留）。（S.3877《下女夫詞》）

「亭」字 P.3350 作「停」，S.5949 作「提」。「亭」、「停」為古今字，而「提」則為「亭」，「停」的借音字。「亭」字定母青韻平聲，而「提」字則為定母齊韻平聲，韻母不同。但根據敦煌寫本異文等綜合分析，音韻學家早就知道唐五代宋初的敦煌地區方音「i」、「iŋ」不分，因而像「提」、「亭」，「西」、「星」，「比」、「并」，「利」、「令」之類的字都應屬於同音關係。又如止攝字（i）遇攝字（ü）相亂，「以」、「與」通假，「之」、「諸」互代，還有像「胤」、「孕」之類前、後鼻音不分的字，也都屬於同音關係。

（二）聲母不同而韻、調相同的異文

這裏說的聲母不同，指《切韻》音系和唐五代宋初西北方音都不同。

（1）乍可從君懊惱，不得遣我著查。（P.2653《燕子賦》

「查」字 S.214 作「香」，P.4019 作「杳」，都是形近誤字；S.3666 先寫「查」，然後加圈圈去旁改為「枷」，P.2491 則「著查」二字作「脱枷」。從文義看，「脱枷」為是，而「查」應是「枷」的音近借字。「查」為多音字，其中有一音為「側加切」，莊母麻韻平聲，「枷」則為見母麻韻平聲，聲母有較大差別。又如 S.1392《孔子項託相問書》「葛蔓絞甚能長。」「長」（澄母陽韻平聲）字 S.5674、P.3833 卷皆作「強」（群母陽韻平聲），聲母也有差別。

（三）韻母不同而聲、調相同的異文

這是比上一類更常見的異文，如：

（1）夫子一去經年歲，項託父母不承忘。（P.3883《孔子項託相問書》）

「承忘」P.3833、S.5674 作「時亡」，S.1392 作「時望」，「承」（禪母蒸韻平聲）、「時」（禪母之韻平聲）韻母不同，為音近替代。又如 P.2653《燕子賦》：「若不私鬥，剋被官嗔。」「剋」（溪母陌韻入聲）字 P.2491 作「却」（溪母藥韻入聲），韻母亦不同。又如 S.3491《破魔變文》「霞雷翻為梵響，雹子變成珍珠。」「雹」（並母角韻入聲）字 P.2187 作「濮」（並母屋韻入聲），韻亦有別。

（四）聲調不同而聲母、韻母相同的異文

這是較前二類更為習見的異文。如：

（1）何其（期）鳳凰不嗔，乃被鴻鶴責疎。（S.5540《燕子賦》）

「疎」字 P.2653、2491 作「所」，4019 作「數」，「數」為本字。這裏「疎」為平聲字，「所」、「數」都是上聲字。《變文集》謂「疎」、「所」都不明白，疑當作「說」，未確。「說」為入聲字，一般不能與別的聲調通假。又如 P.3873《韓朋賦》「天下是其言，其語大矣哉！」「語」字 P.2653 作「義」，二字分別為上聲、去聲。

（五）聲母相同而韻、調不同的異文

有少量的異文雖然也是音近代換字，但韻母和聲調都有差別。如：

（1）丈夫今無天日分，雄心結怨苦蒼蒼。（S.328《伍子胥變文》）

「苦蒼蒼」三字 P.2794 卷作「哭倉倉」，「苦」、「哭」二字必有一誤。「苦」字為溪母姥韻上聲，「哭」字為溪母屋韻入聲，只有聲母完全相同。入聲字因為有入聲尾，敦煌寫本中與平、上、去聲極少相亂。

（六）韻母相同而聲母、聲調不同的異文

這類異文也有少量，如：

（1）解髮捻刀臨擬剪，氣填凶（胸）臆淚芬芬（紛紛）。（P.3697《捉季布傳文》）

「氣」（溪母未韻去聲）字 P.3197，S.5439 卷作「紫」（精母紙韻上聲），

聲母、聲調都不同，只有韻母都屬止攝。「紫」如果是受上半字「此」
（清母紙韻上聲）的影響，依然與「氣」不同聲母和聲調。又如 P.3883
《孔子項託相問書》：土山無石，井水無魚。」「井」（精母靜韻上聲）
字 P.3833 作「正」（章母勁韻去聲），只有韻母同在梗攝。

（七）聲符相同的異文

在敦煌寫本中，凡是聲符相同或一個字可作為另一字聲符的字都
可互代。這有兩種情況：一是二字同音或音近，二是不同音而只是字
形有一部分相同。例如：

（1）青春今夜正方新，紅葉開時一朵花。（P.3350《下女夫詞》）

「正」、「紅」、「朵」S.5515 卷分別作「政」、「鴻」、「探」。「正」
為「政」的聲符，「紅」、「鴻」都有聲符「工」，「槑」則是「朵」的
增旁字。這類字在異文中大量存在。

（2）王陵脫著體汗衫，掇一標記。（P.3267《漢將王陵變文》）

「掇」字 S.5437 作「裰」，即「裰」字，在此通「綴」。「掇」與
「裰」、「綴」讀音完全不同，但「秀才識字讀半邊」，只要聲符相同就
當同音字來讀，也是常有的事。在別的寫本中「掇」還用來代替
「惙」、「剟」、「輟」等字，字形、字音都有一定聯繫。

（3）姜家住在荒郊側，四迴無人獨棲宿。（S.328《伍子胥變文》）

「棲」字 P.2794 作「星」，二字似乎字形、字音和字義都沒有聯繫。但

是，我們知道「棲」字在敦煌寫本多作「栖」，而「栖」字右半「西」與「星」在唐五代宋初西北方音中完全同音，即「星」可讀作「西」，因此也就可通「棲」了。這種「秀才識字讀半邊」的現像我們可稱之為「俗音」，即不規範讀音。又如同上 S.328、P.2794：將竹插於腰下，又用木劇到（倒）著。」「劇」應讀作「屐」，二字同為群母陌韻入聲字。但《開蒙要訓》有個卷子在「屐」下注音為「巨」，羅常培先生認為這是入聲消失的朕兆。其實這是不足為據的，因為「屐」字內「枝」可以被當作「伎」來看（敦煌寫本中「彳」、「亻」無別），而「伎」與「巨」在唐五代宋初西北方音中相同，因而文化素養差的人或小學生完全可能把入聲的「屐」讀成去聲的「伎」，然後又用同音字「巨」來注音。因此這很可能只是一個「俗音」問題，與音系的改變無涉。又如 S.5530《孔子項託相問書》「何雄無雌？」「雄」、「雌」二字 P.3833、P.3882、P.3883 卷皆分別作「碓」、「觜」，都只是字形或聲符問題，不能說是同音關係。俗音在敦煌俗文學寫本、應用文寫本中特別多，應引起校錄者的注意和開展音韻學方面的研究。

三、因詞義關係而引起的異文

在敦煌寫本中，有一些異文與形、音關係不大，它們主要是由於同義詞、近義詞代換或義各有適的其他詞語的代換、以及因某個關鍵詞語的變換而使整句都發生變化所造成的。這些詞語包括單音節詞和多音節詞、短語。例如：

（一）同義詞代換

這些同義詞基本含義相同，但有的易於明白，有的就不那麼看得出來。如：

（1）今遭國難來投僕，輒莫談量聞四鄰。（P.3697《捉季布傳文》）

「談量」一詞 P.2648、S.2058、S.5439、S.5441 等所存卷子皆作「談揚」，《變文集》即據以改「量」為「揚」。其實「談量」亦有其詞，與「談揚」義同，不應據彼改此。P.3302《兒郎偉》：若説和尚功業，難可談量者矣！」又 P.4995《兒郎偉》：「今載初修功德，社人説好談量。」皆用「談量」一詞，可證。又如 P.3697《捉季布傳文》：「自知罪濃憂鼎鑊。」「知」字 S.5439、3197 作「隱」，二詞似乎沒有什麼意義聯繫。但從《燕子賦》「雀兒自隱欺負，面孔終是攢沅」等例可知「知」與「隱」為同義詞。

（二）近義詞代換

近義詞是指意義相近的詞，它們在異文中與同義詞的數量相當。如：

（1）今欲據法科繩，實即不敢咋呀。（P.2653《燕子賦》

「科繩」P.2491 作「科徵」，S.214 卷先寫「科繩」而旁改為「科懲」，這些都是近義詞。又如 P.2178《茶酒論》：『茶喫發病，酒喫養賢。』「病」字 P.3901 作「顛」。「顛」即「癲癇」，是病的一種，因而「顛」、「病」為近義關係。

（三）義各有適的異文

這種異文主要見於兩種情況：一種是底本被傳抄後，有的句意被後人竄改，另一種是同一文章有兩種底本或一本據另一本改寫而成。如：

（1）閒來每共論今古，悶即堂前話典墳。（P.3697《捉季布傳文》）

這兩句 S.5439，P.3197 卷作「閒時每喚論稽古，問（悶）即常呼話典

墳」，意思也很通順。但從「開時」、「開來」及「每喚」、「每共」兩對詞語都有一個字相同來判斷，兩種抄本應有一個共同的祖本或一本晚於另一本。另從「稽古」與「今古」音近，「堂前」與「常呼」前一字形近也能判斷出來。

（2）奴家愛著綺羅衣，不勳（薰）沈麝自然香。我捨慈親來下界，誓將臓（纖）手掃金床。（P.2187《破魔變文》

這四句 S.3491 卷作：「遠別天宮捨父孃，將身掃灑世尊房。誓願不歸天上去，志將纖手拂金床。」可以看出兩種抄本有明顯的不同，但決非由於傳抄次數太多而由一種訛變為另一種。這兩種抄本，應有各自的底本或一本為另一本的改寫。

（四）由於義訛而形成的異文

抄手有時誤解詞義而會把一個詞或短語錯成別的詞，甚至牽動下面字句的改動。如：

（1）耶孃年老昏迷去，寄他夫子兩車草。（P.3883《孔子項託相問書》）

「昏迷去」P.3833 作「昏明暗」，這是由於「迷」與「明」同音，而「明暗」為常用詞，因而抄手由「明」立刻聯想到「明暗」而誤抄。又如 S.328《伍子胥變文》：「失路傍徨，山林摧滯。」P.2794「傍徨」作「傍邊」，這也是由抄手因「傍」字便想到「傍邊」這個常用詞而誤抄的。由義訛而形成的異文不能作為同義詞或近義詞看待。

（1992 年北京房山國際敦煌學討論會論文）

敦煌變文釋詞

　　《敦煌變文集》[1]的編集出版，為近代漢語詞彙的研究提供了豐富的材料。蔣禮鴻先生的《敦煌變文字義通釋》以及一百多篇各家有關論文即在此材料基礎上完成的。由於變文數量之多和原卷校錄的複雜性，其中仍有許多字詞有待於校釋。這裏所考釋的詞語，就是我們在核對各篇變文原捲縮微膠卷的過程中輯錄的。正確與否，祈讀者教正。

　　文中所引變文皆出《敦煌變文集》，為便於覆核，皆標明頁碼。

疊 褺 褋 摞 縲 摺藝 縲褔

　　反訓詞，既有「摺疊」義，又同時有「鋪展」義。字有多種寫法。《説文》：褺，重衣也。」段註：「褺，讀如重疊之疊。」因此「叠」、「褺」義通。《廬山遠公話》：「摺（折）藝衣服，四時湯藥。傳言送語，無問不答。」「藝」當作「褺」。《説文》「褺」字下段註：「《文選・王命論》：『思有短褐之襲。』李注引《説文》：『襲，重衣也。』《王命論》

1　王重民等六位先生校錄，人民文學出版社 1957 年出版，1984 年重印。

本作『褻』李注時不誤，淺人妄改《文選》耳。《漢書・敘傳》作『短褐之褻』，師古釋以親身之衣，不知為『褻』字之誤也。古書之難讀如此。「褻」字在變文中有用例，如《捉季布傳文》:《典倉㩹紙而吮筆，便呈字勢似崩雲。」（61 頁）《㩹》同《疊》，庚卷作《褻》，丁卷作「褻」，丁卷正與《說文》同。字又作「緤」，同上篇:「偏（砭）切按磨能柔軟，好衣緤褔著香勳（薰）。」（62 頁）「緤」字各卷皆同，「褔」同「摺（折）」。字又作「㩹」，如《董永變文》:「織得錦成便截下，㩹將來，便入箱。」「㩹」從「手」旁表摺疊衣服之動作，與「褻」從「衣」表摺疊之物為衣服，「㩹」從「片」表摺疊之物為片狀，「緤」從「糸」表摺疊之物為絲織品，各有表意作用。在敦煌卷子中，真正以「疊」作摺疊用的例子則較少見，王梵志詩《吾富有錢時》有「吾若脫衣裳，與吾疊袍襖」，是其例。「疊」反訓為「鋪展」義者，如《捉季布傳文》:「朱解見誇如此藝，遂交書契驗虛真。典倉㩹紙而吮筆，便呈字勢似崩雲。題姓署名似鳳舞，書年著月象焉（烏）存（蹲）。」此處是寫朱解觀看季布（典倉）寫字，因此季布鋪紙吮筆，當即寫給朱解看。「㩹」（或褻）字宜作鋪展解。類似的例子，還有「咨」（詳見下文「咨」字條）。由於語境的不同，反訓詞的兩個相反意義一般並不混淆。當然，這要求讀者知道該詞為反訓詞，否則便不免曲解。

服子　模子

名詞，即「包袱」。《燕子賦》:「正見雀兒臥地，面色恰似坌土，脊上縫個服子，仿佛亦高尺五。」（251 頁）「縫」字原卷如此，甲卷作「躭」，乙、戊二卷作「擔」。（《變文集》校記不確，茲據原卷重錄）。「躭」即「擔」之俗字，從「身」表示以身擔負。由於字書中無「躭」

作「擔」用之義，故多有人誤讀為「胎」、「躬」等的。[2] 核甲卷「服」作「襆」，「襆」實即「襆」字。蓋敦煌寫卷「礻」旁皆作「礻」省一點，幾無例外。「莫」、「莫」寫卷中亦多混用難別。如《伍子胥變文》：「君莫造次。」（14頁）「莫」字丙卷即作「莫」。「襆」即「襆」之俗字，《全唐詩外編》[3] 161頁張祜《投蘇州盧中丞》：「經術在心長說體，吏材臨事必開模。」此處「模」當作「襆」，即「襆」字，與《燕子賦》完全相同（開襆即打開錦囊之意，用諸葛亮之典）。又《伍子胥變文》：所由修造，襆水蓬飛。」（20頁，據原卷重錄）「襆」字項楚、蔣紹愚等校作「模」，通「幠」，未確。此字實即「撲」（木旁手旁通），「水」乃「火」之形誤，下文即有「狀如蓬飛撲火」句。後者「撲」原形作「樸」即「撲」字。由上二「撲」字相較，「莫」即「美」無疑。又「襆」同「幞」、「複」，通作「服」，皆即今「包袱」之「袱」，說詳《敦煌變文字義通釋》「服」條。王梵志詩《夫婦相對坐》：「永離臺上鏡，無心開衣幞。」張錫厚校記：「『衣幞』，原作『衣眠』，出韻，據文義改。」今核原卷（S.788）「眠」實作「服」，「服」即「幞」之同音借字。

以上可證「服子」「襆子」實即「幞子」即包袱。不僅如此，還有唐人所畫的《罪人擔襆圖》（名稱筆者擬定），可以作為「包袱」說的鐵證。在敦煌卷子中有《十王經》彩色畫卷，編號為 P.2870（另有 S.3961 卷）。該卷以連環畫加頌偈的形式描繪了世人落人地獄後經受十

2　《變文集》校錄者將《父母恩重經講經文》中「懷躭」一詞多校改為「懷胎」，蓋為不知「懷躭」即「懷擔」（為同義連文，表示承受）也。任半塘先生《敦煌歌辭總編》則又將「懷躭」校作「懷躬」（如該書1029頁0541首「十月懷躬受苦辛」，「躬」原卷實作「躭」），又於754頁引《燕子賦》中「脊上躭個服子」條，曰：『躭』一寫『縫』，或寫『擔』，若依聲得義，應寫『躬』，拱曲隆起而成胎（堆塊.）也。」其他誤校「躭」字尚有多處。

3　中華書局1982年版。

個地獄王審訊和用刑的景象，圖文並茂，非常精彩。就在其中第 14 片「平正王」處，畫著平正王殿上端坐，殿下一穿黑衣之鬼卒將一罪人縛於銅柱，邊上一侍女手捧文案；在此之左，畫有一個上身裸露、跣、枷項的罪人，在枷（圓形的，同畫面內又有戴長形的）的後面畫著一個掛著的包袱，包袱縫綴於枷的鎖眼下的一個大圓環上，包袱上小下大像鐘形或喇叭形。可以確信，這就是「脊上擔個服子」的真實寫照。因為在該畫卷中，所用刑具都與人間的一致，不是隨意虛構的。這個負擔著的包袱究竟有何作用或表達什麼意思，目前尚不能確知（圖上題「第八百日平正王贊曰：百日亡人更悽惶，身遭枷杻被鞭傷。男女努力修功德，免落地獄苦處長。」未言及服子）。但我們認為這是與刑法或民俗有關的，很可能是為了給罪人加刑。該圖即畫罪人兩手在前向下拉住枷盤，似乎脊後的包袱有些重，要往下墜。也有可能這是表示「擔愆負罪」的意思，「罪」與「墜」諧音。

翠幕　毳幕

名詞，即帳蓬。《燕子賦》：「安不慮危，不巢於翠幕；卜勝而處，遂托弘梁。」（249 頁）「慮」字乙卷作「離」，原校及江藍生校[4]、潘重規校[5]皆未確。「安不離危」是，即「福兮禍所倚」之意。江校謂後一「不」字衍，恐亦未確。又謂「翠幕」即「綠色帷帳」，「翠」字不一定實指。今按此說亦恐未確。《王昭君變文》：「屯下既稱張毳幕，臨時必請定（掟）門旗。」（100 頁）「毳幕」為帳蓬，文義甚明。《燕子賦》「毳

4　見江藍生《敦煌寫本〈燕子賦〉二種校注（之一）》，《關隴文學論叢》第一集，甘肅人民出版社 1982 年版。江文校釋甚精細，解決了許多問題。

5　潘重規《敦煌變文集新書》，臺灣「中國文化大學」中文研究所 1984 年版。該書在保留王重民等《敦煌變文集》原校記的基礎上又增加不少新的校記。下引潘說皆出此。

幕」作「翠幕」者，蓋因與下句「弘梁」相對而誤（「弘」甲卷作「紅」，乙卷作「洪」，皆當作「虹」，詳另文）。

愜 切

動詞，義為「滿足」「符合」。「愜」常寫成簡化俗字「忺」，作「切」者為通假字。如《妙法蓮花經講經文》：「國王聞語喜難偕，此事深將‧（愜）我懷。」（491頁）「亻」旁與「忄」旁形近替代。又《目連緣起》：「娘聞此語，深忺（愜）本情。」（701頁）「忺」即「愜」之簡化俗字。用通假字「切」之例，如《漢將王陵變》：「今夜二將擬往〔楚家〕斫營，擬切我王本情。」（36頁）原校謂甲卷無「我王」二字，不確；甲卷實作「擬切我情。」「愜某人情（或愜……本情，等等）」已成一種固定句型。如《秋胡變文》：「今日屬配郎君，好惡聽從處分。郎君將身求學，此忺兒本情。」（155頁）「忺」字王鍈先生校作「孺」，謂「孺兒」即「孺人」「忺」當係「孺」之俗別體而致誤者。[6] 今按王校未確，核原卷所謂「忺」者實作「忺」，即「愜」字。蓋《變文集》校錄者（此篇王重民先生校錄）未詳「愜」之俗字，遂因與「忺」形近而誤錄。又《葉靜能詩》……詔靜能。奉詔行直至殿前，皇帝亦（一）見靜能，便說道法清虛微妙，深懷聖情。」此處標點誤，當作「……皇帝亦（一）見，靜能便說道法，清虛微妙，深懷聖情。（從蔣紹愚校）「深懷聖情」費解，「懷」乃「愜」之形誤。此段蓋謂葉靜能宣講道法深合聖上之情，非謂聖上懷有深情也。

6　《敦煌變文點校獻疑》，載《杭州大學學報》1988年第1期。下引王說皆出此。

掇　褫　綴

　　即「綴」字，動詞，義為「綴掛」。「掇」為「綴」之偏旁替代字。「褫」即「綴」之俗字，因俗字「衤」旁皆從簡作「礻」旁，二旁混而為一，絕少見有從「礻」者（此處主要指敦煌俗字）。「褫」在此同「綴」。如《漢將王陵變》：「王陵脫著體汗衫，掇一標記：『斫營，先到先待，後到後待，大夫大須審記，莫落他楚家奸便。』」（37頁，「便」字原屬下，今改正）「掇」字乙卷如此，甲卷實作「褫」（甲卷作「褫標一記」，「一」字為旁補字，補在「標」字右下角，實當補在「標」上）。「掇」、「褫」皆即「綴」字。此段蓋謂王陵脫貼身汗衫掛綴於路旁作為記號，因為過此之前便有敵軍把守，特須小心。劉士濤先生《敦煌變文裏的「掇」字》[7]一文，謂：「掇一標記」即是『刺一標記』，……這裏的『掇』似應解作『刺』即以鐵烙刺。」我們且不問深更半夜於斫營半路中何處去尋找烙鐵，即使找得到，在汗衫上用烙鐵刺個洞有何作用？皆非情理中事。又如《維摩詰經講經文》：「風前月下掇新詩，水畔花間翻惡令。」（541頁）「掇」與「翻」互文見義，當作「綴」字無疑。又如同篇：「持五掇而此土化緣，杖六環（原從金旁）而他方遊歷。」（530頁）「能持五掇入王城，解執六環（原從金旁）他界外。」（531頁）此二例「掇」字並當作「綴」，「五綴」即「五綴鉢」，與「六環」當解作「六環杖」同，皆省略中心詞。蓋「五綴鉢」為補褫（同綴）五處缺損之鐵鉢，《四分律》卷九：「若比丘鉢破減五綴不漏，更求新鉢，尼薩耆波逸提。若滿五綴不漏，更求新鉢者，突吉羅。」此乃確證。另可參閱《王梵志詩校釋商補》[8]。

7　見《中國語文通訊》1984年第5期。

8　載《杭州大學學報》1988年第2期。

掇　綴　墜　掇頭　㯩　㯩頭

　　「掇」即「綴」，說詳上；「綴」通「墜」。變文中「綴」、「墜」通假例，如《秋吟一本》「秋天寫一色之清（青）屏，□□墜數般之碧砌。」「墜」即通「綴」。缺文雖難坐實，但據文義可推知為「朱蘭」、「芳草」之類，句謂花草之類附著、點綴於碧砌也。「墜」、「綴」通假例甚廣，蔣禮鴻先生《〈敦煌曲子詞集〉校議》（附見《敦煌變文字義通釋》）「又被美人和枝折，墜金釵」條已臚列。然而，「掇頭」之「掇」（即「綴」字）當通「墜」，則罕有知者。《敦煌歌辭總編》[9]1029頁《失調名》：可中五逆甘採□，死了掇頭人地獄。」任半塘先生校記：「『掇頭』待校。」又《王梵志詩校輯》[10]11頁《富者辦棺木》：智者入西方，愚人墮地袄。掇頭入苦海，冥冥不省覺。擎頭鄉里行，事當逞靴襖。」張錫厚先生校記：掇，原作『㯩』據甲四本改。」又42頁《從頭捉將去》：「雖然畜兩眼，終是一雙盲。向前黑如漆，直掇入深坑。」劉士濤先生謂「掇入深坑」即「扎入深坑」；項楚先生謂「掇頭」似應作「綴頭」，「綴頭」為俗語詞，猶言一連串[11]。今按「掇頭」即「墜頭」，「㯩」即「掇」之增旁字，「頭」即「擎頭」之「頭」指身體（項楚説）。因此，「掇頭入苦海」即墜身入苦海，「直掇入深坑」即直墜入深坑。此外，凡從「叕」之字，無論左邊從「扌」從「糹」還是從「忄」等，還是右邊從「刂」，在敦煌俗字中皆可寫作「掇」；「掇」字本身亦有作刺、戳解者。皆詳黃征《王梵志詩校釋商補》。

9　上海古籍出版社 1987 年版。

10　中華書局 1983 年出版。

11　見《〈王梵志詩校輯〉匡補》，此文正、續篇分載《中華文史論叢》1985 年第 4 輯和《敦煌研究》1985 年第 2 期。

糢 摸

動詞，義似為「搭」。「糢」為「摸」之偏旁替代字。《漢將王陵變》：二將辭王已訖，走出軍門，糢（秣）馬攀鞍，人如電掣，馬似流星。」（37頁）糢」字乙卷如此，甲卷實作「摸」。又：盧綰辭王已了，糢（秣）馬攀鞍，不紀（經）旬日，便到楚家界首。」（44頁）又：「辭王已了，走出軍門，糢馬攀鞍，人如掣電，馬似流星」。（同上）此二例甲卷皆殘，乙卷並作「摸」，《變文集》乃據37頁例之甲卷改，但是未作說明。又《韓擒虎話本》：「道由言訖，便奔床臥，才著錦被蓋却，摸馬舉鞍，便昇雲霧。」（206頁）「摸」字原卷如此，「舉」字為「攀」之形誤。以上眾例，僅一例作「糢」其他皆作「摸」，《變文集》校改未當。此字江藍生、劉凱鳴、蔣紹愚等皆引《說文》「驀，上馬也」條校作「驀」，認為「驀馬」與「攀鞍」為同時發生之動作，為並列結構。今按此說可商榷。蓋諸例中無一例寫作「驀馬攀鞍」者，而「驀」字變文中頻見，如同是《王陵變》即有「二將驀營行數里」之例，「驀」又省作「莫」、「百」（「超」之省，同「驀」），「驀」、「摸」分用不混。摸」似即搭」義，謂以手搭馬。

損動 恐動 驚動 驚恐 驚慌

皆動詞，義為「使……受驚嚇、騷擾」。如《漢將王陵變》：何期王陵生無賴，暗聽點漏至三更，損動霸王諸將士，枉煞平人數百千。」（41頁）《降魔變文》：「驚惶四人，恐動平人，舉國見之，怪其靈異。」（386頁）又：口中吐火，鼻裏生煙，行如奔電，驟似飛旋，揚眉瞬目，恐動四邊。」（387頁）「頭腦異種醜屍骸，驚恐四邊令怖畏。」（同

上）如果對這類詞語缺乏認識，有時便會產生誤解。如黃雲眉先生就曾疑《捉季布傳文》「問看（原卷實作著「着」）不言驚動僕」（55頁）句中「動」字為「僮」字之誤。[12]

初來花下

佛典，指婦女分娩。《孔子項託相問書》：「夫子曰：『汝知屋上生松，戶前生葦，床上生蒲，犬吠其主，婦坐使姑，雞化為雉，狗化為狐，是何也？』小兒答曰：『屋上生松者是其椽，戶前生葦者是其箔，床上生蒲者是其席。犬吠其主，為旁有客；婦坐使姑，初來花下也；……』此處「婦」即新婦、媳婦；「姑」即「舅姑」之姑，亦即「公婆」之婆。在什麼情況下媳婦坐著使喚婆婆？這是夫子對小兒的一難。由於人們不知俗文學作品多有暗用佛典者，故對「初來花下」之確切含義一直搞不清。如張鴻勳先生《敦煌講唱文學作品選注》[13] 一書於「花下」注曰：「指結婚。」且不說古代婦女結婚時無使喚婆婆之例，即使有，此句文字亦不可通。又潘重規先生校：「『初來花下』，丙卷作『是物來化下』。」今核丙卷，「物」字實亦作「初」，「化」字乃「花」之省旁字（敦煌寫卷中「花」多作簡體，與今無別）。蓋潘氏亦未詳「初來花下」之義也。考《太子成道經》：「不經旬日之間，便即夫人有孕。雖然懷孕十月，却乃愁憂。遂奏大王，如何計教，得免其憂。大王便語夫人，後園之內，有一靈樹，號曰無憂。遂遣夫人令往觀看，得免其憂。……喜樂之次，腹中不安，欲似臨產。乃遣姨母波闍波提抱腰，夫人手攀樹枝，綵女將金盤承接太子。……」其下吟詞曰：無憂

---

12 黃雲眉、馮沅君、鄭靜遠：《〈季布罵陣詞文補校〉的討論》，載《文史哲》1951年第4期（又收入《敦煌變文論文錄》）。

13 甘肅人民出版社1987年版。

花樹葉敷榮，夫人彼中緩步行。舉手或攀枝餘葉，釋迦聖主袖中生。」
（289 頁）類似的佛本生故事到處可見，當時乃人人皆知，故可用作典
故而進入俗文學作品。

擬

　　行為動詞，有「指」、「撥」、「割」等義。如《伍子胥變文》：「臣
懼子胥手中劍，子胥怕臣俱總休。彼此相擬不相近，遙語聲聲説事
由。」（3 頁）細味文義，此「擬」字當是對準、指向的意思。蓋使者
與子胥兩兩對峙，各不敢近，兩柄劍皆對準對方，並不相觸。又《降
魔變文》：「舍利弗……手執寶杵，杵上火焰衝天。一擬邪山，登時粉
碎。山花萎悴飄零，竹木莫知所在。」（383 頁）又：「手執金杵火衝
天，一擬邪山便粉碎。」（383 頁）此處寫舍利弗「金剛智杵破邪山」，
「其金剛乃頭圓象天，天圓只堪為蓋；足方萬里，大地才足為鑽」，具
有無上法力。因此，勞度叉所化之邪山，根本不用鎚打，金剛寶杵對
準目標一指，便登時粉碎。「擬」的動作，可能碰到物體，也可能沒碰
到。「擬」的這種特別含義，在更早的時代如晉代就已有了。東晉沙門
法顯所口述的《法顯傳》[14]「沙河」條：「沙河中多有惡鬼、熱風，遇
則皆死，無一全者。上無飛鳥，下無走獸。遍望極目，欲求度處，則
莫知所擬，唯以死人枯骨為標識耳。」「莫知所擬」之「擬」字，日本
學者足立喜六的《法顯傳考》[15] 及章巽先生的《法顯傳校注》等皆不
注。今以變文中二例相比照，仔細體味文義，可以確知此例「擬」字
亦為「指」義。還有一條旁證可以順便提出來，即同一內容《大唐西

14　見章巽《法顯傳校注》，上海古籍出版社 1985 年版。

15　1937 年商務印書館有翻譯本。

域記》[16]的描繪：「從此東行，人大流沙。沙則流漫，聚散隨風，人行無跡，遂多迷路。四遠茫茫，莫知所指，是以往來者聚遺骸以記之。」法顯之書為口述記録而成，因而當時口語材料甚多；玄奘則力求典雅以「超越」前人，因而俗語詞極少。正因為「擬」是俗語詞，不合「典雅」的標準，所以玄奘便將「莫知所擬」雅化為「莫知所指」，「指」即「擬」之同義詞。又《廬山遠公話》：「遠公忽因一日，獨坐房中，夜久更深，一再擬殘燈，見天河間（閒）靜，月朗長空，……」此處「擬」是「撥」的意思。[17]又晉干寶《搜神記・三王墓》：王即臨之。客以劍擬王，王頭隨墮湯中，客亦自擬己頭，頭復墮湯中。三首俱爛，不可識別。」這裏兩個「擬」也都是行為動詞，但似乎除「指」之意外，還有「割」的動作意義。「以劍擬王」是寫劍客等楚王伸頭上前臨視鑊湯時，用劍割他的頭。

一笙　一生　七笙　七勝

　　數量詞。「生」為初文，「笙」為後起字，「勝」為同音借字，義猶「根」、「莖」。《伍子胥變文》：「一寸小草，豈合量天，一笙毫毛，擬拒爐炭。」（3頁）「一笙」即「一根」，「笙」作名量詞，即為「根」、「莖」之意。再如《燕子賦》（253頁）：「賴值鳳凰恩澤，放你一生草命。」「生」同「笙」，「一生草命」即一根草命，極言其微細。如將「一生」解作「一輩子」等顯然不可。又《前漢劉家太子傳》（162頁3行）：「至七月七夕，西王母頭戴七盆花，駕雲母之車，來在殿上。」「七盆花」原卷如此，丙卷作「七笙花」，「七笙花」即「七莖花」，喻其繁

16　中華書局1985年出有季羨林等校注的《大唐西域記校注》。

17　「一再」二字原卷實即「再」之俗字，《變文集》誤析為二字。又「擬」與「擰」可通。但「擬」字本身義即可通，故不必校改。

富。蔣禮鴻《敦煌變文字義通釋》「附錄二」（410 頁）：「宋陳元靚《歲時廣記》卷二十八引《漢武帝故事》：『王母乘雲車而至，玉女馭母，戴七勝。』『七笙』即『七勝』。」蔣說極是，今按《大藏經》小乘部《治禪病秘要法捲上》[18]：「吉祥之瓶，金花覆上，使十方水流人瓶中。此吉祥瓶，湧出七花，七莖分明。二莖間有七泉水；一一泉中，有七金花；二花上，有一佛坐説七覺支（是名治水大法）。」又《不知名變文》（802 頁）：「有一個小下女子逐水而來，沆（原校瓶，當作「甆」）中有七支蓮花。」可見「七莖花」（「七金花」即七莖金花）、「七支花」為佛經中常用語，西王母頭上所戴「七笙花」即「七莖花」也。又「七笙花」何以有異文「七盆花」，亦甚費解。疑「盆」因「笙」、「勝」可通「升」而誤，蓋「升」、「盆」皆可表容積。用「勝」代「升」之例甚廣，如日本所藏吐魯番出土文書「大谷文書」[19]（龍谷大學收藏）3054 號：「乾葡萄壹勝，上值錢拾柒文，次拾陸文，下拾伍文。大棗壹勝，上直錢陸文，次伍文，下肆文。」「壹勝」即「一升」，上、次、下為貨物等級。又如 3063 號：「麴末壹勝、豆黃壹勝。」3065 號：「麥酢壹勝、糖酢壹勝。」3085 號：「蔓菁子壹勝、蘿蔔子壹勝、蔥子壹勝。」3436 號：「散米壹勝。」3441 號：「韭子壹勝。」等等。這些「勝」字皆在不可數名詞之後，只能作「升」講。與「勝」相關的「斗」、「合」也表明其為容量單位。那麼「笙」何以有「根」、「莖」之義？項楚先生引《方言》卷二「自關而西，秦晉之間，凡細貌謂之笙」，甚是。然此條言「細貌」，為形容詞，與變文例猶有未合。檢《方言》該條全文：嫢、笙、揫、摻，細也。自關而西，秦晉之間，凡細而有容謂之

---

18 用頻伽精捨本，千字文編號為「宿五」。

19 見《敦煌學譯文集》（甘肅人民出版社 1985 年版）仁井田陞《吐魯番出土的唐代交易法文書》一文引例。

婪，或曰提。凡細貌謂之篕，斂物而細謂之挈，或曰摻。」錢繹《方言箋疏》：「《廣雅》：『篕，小也。』《大射儀》：『篕磬西面。』鄭註：『篕猶生也，東為陽中，萬物以生；物初生必細小，是其義也。』呂氏春秋‧仲夏記》：『調竿篕。』高註：『竿，篕之大者；古皆以匏為之。竿三十六簧，篕十七簧。』是篕亦以小為名也。……篕之言星星也。」可知「篕」之小義本得於「生」，故變文有「一生草命」。「生」由動詞轉為形容詞、名詞，再由名詞轉為量詞，因而凡細小之物皆可以「篕」、「生」來表示。

咨　咨説　咨陳　咨聞　咨白　咨啟　咨量　咨屈　次説

「咨」字各種詞典字書皆只收「詢問」一義，而在敦煌俗文學等作品中却是個反訓詞，如與「問」相連（咨問）即是詢問義，與「説」等相連則是陳説義。由於語境、文義不同，二義並不相亂。如《維摩詰經講經文》（610頁）：「光嚴合掌，啟白維摩，唯願慈悲，聽我咨問。……維摩見問，微笑點頭，解能如此問我，大是聰明童子。」此例「咨問」即是詢問義。但通觀全部變文，「咨」作「問」用者不多，絕大多數「咨」皆與「説」、「陳」、「啟」等連用，義為「陳説」。如《捉季布傳文》（56頁）：「不問未能咨説得，既蒙垂問即申陳。」「咨説」庚卷作「言啟」（《變文集》失校），同樣意思在下句又言「申陳」，其為「陳説」義甚明。又61頁7行：「周氏馬前來唱喏，一依前計具咨聞。」「咨聞」丁、庚二卷作「咨陳」，亦為「陳説」義。《韓朋賦》（139頁13行）：「貞夫咨宋王曰：『既築清陵臺訖，乞願暫往觀看。』」「咨」即「咨陳」，甲卷作「語」，形誤。《八相變》（330頁12行）：「唯迦毗衛國似應堪居，却往天中具由咨説云云。」「具由咨説」甲卷作「且由宮院」，形誤。變文中散文轉為韻文時通常作「……處，若為陳説」而

此處作「咨説」則「咨説」即「陳説」也。336 頁 16 行：「老人被問，具已咨聞。」「咨聞」亦「陳説」義。337 頁 9 行：「謹咨大王，何必怪責。」「咨」單用，義同上。《破魔變文》（350 頁 13 行）：「於是三女遂即向前，咨白父王云云。」此句第 1 行作「遂即向前啟白大王。」《降魔變文》（380 頁 5 行）：「咨啟之處若為：……」《難陀出家緣起》（396 頁 3 行）：「有事咨聞娘子。」以上粗列了「咨、咨説、咨陳、咨聞、咨白、咨啟」等與「咨」有關的詞語，皆為「陳説」義。又《伍子胥變文》：「進退不敢輒咨量，踟躕即欲低頭去。」（5 頁）「咨量」似即咨陳、商量之意。又同篇：「子胥報妻曰：『吾昔遭楚難，愧君出應逢迎；……自茲隔別，每念君恩，愧賀不輕，故未咨屈。』」（24 頁）其中「未」原作「來」（手書二字形近），《變文集》蓋以未詳「咨屈」之義而誤錄也。「咨屈」即「咨陳屈請」，此處蓋謂感愧其妻，特來陳請邀屈也。由於人們對「咨」及與「咨」相連的一系列俗語詞缺乏認識，便往往有誤錄、誤校、誤解者。如《祇園因由記》：「太子具上被誑之由，次補（鋪）金之事。」「次」字原卷、甲卷實皆作「次説」，即「咨説」，「次」為「咨」之省。敦煌寫本中「咨」字左邊多從「言」旁，亦有省旁者，此例則「言」、「口」皆省。又如《伍子胥變文》：「勅召曰：『伍相父兄，枉被平王誅戮，今欲征發天兵討楚，召募效力之人。如有判（拚）命相隨，火急即須投募。先賜重賞勳祿，不輕有此。驍列之夫，速來所咨陳牒。』」此段「不輕」當屬上讀，「有此」屬下讀。「咨」字潘重規先生校：「丙卷『次』《變文集》作『咨』，非。」今按潘校不確，「咨」字原卷（即指丙卷，此段別卷皆殘）較模糊，似即「咨」字；即使為「次」，亦可為「咨」之省，不應謂之「非」。細審原卷，此「咨」字乃旁註字，當是改字之例，蓋書手誤抄「所」字，發現後旁註「咨」字以改正「所」，故此處「所」字不當錄出。「有此驍

列（烈）之夫，速來咨陳」，「速來咨陳」即趕緊來陳說或報告。其下「牒」字乃牒文（一種公文）的固定格式，此種牒文規定在最後要寫一「牒」字，敦煌卷子中有大量例證，不煩枚舉。以往人們總是「陳牒」連讀，恐皆誤。又「咨」字「啟」義，文人作品中亦有。如《太平廣記》卷六十三《崔書生》：「某去便當咨啟，至期，則皆至此矣。」例多不備舉。又王鍈先生《敦煌變文詞義補箋》[20]有「咨　咨說　咨白」條，釋為「告語」，與此相近。

賞緋借綠

　　皇帝對臣下的特別嘉獎。《伍子胥變文》：「榜示七日，募得九十萬精兵。賞排借綠，各賜千段。」（19頁）「排」為「緋」之偏旁替換字。敦煌寫本中「糸」旁「扌」旁多混，如「綴」即可寫作「掇」。「借」或疑為誤字，未確。《唐會要》卷三十一《內外官章服》註：「天授二年八月二十日，左羽林大將軍建昌王攸寧，賜紫金帶。九月二十六日，除納言，依舊著紫帶金龜。借紫自此始也。」同上引文又有「借緋」一詞，亦唐宋職官制度。按規定，官階三品以上著紫服，但建昌王官階未至三品，本不可著紫服，皇帝為了表示對他施恩，便採取特許著紫的辦法。變文「賞緋借綠」（三品以上服紫，四、五品服緋，六、七品服綠，八、九品服青）即表示特別嘉獎。

拍掬

　　動詞，義為「撫摸」。《伍子胥變文》：「子胥控馬籠鞭，就水抱得小兒，拍掬悲啼弔問。」（22頁）又《大目乾連冥間救母變文併圖一卷

20　王鍈：《敦煌變文詞義補箋》，載《貴州民族學院學報》1988年第1期。

並序》：「嗚呼怕搦淚交橫。」（734頁）「怕」為「拍」之誤字，「拍搦」即「撫摸」之意。又如唐代張文成的《遊仙窟》[21]亦有「拍搦」一詞，並且與「摩挲」對用，其為「撫摸」之意灼然無疑。

附記：本文是我們在業師郭在貽先生指導下同他合作完成的。不幸的是，文章未及刊布，業師便溘然辭世。但他的精神永存，遺訓長在，我們將沿著業師開拓的治學之路堅定不移地奮進。

（本文原與郭在貽、張湧泉聯名載於武漢華中理工大學《語言研究》1989年第1期，此前曾作為1988年深圳第三屆近代漢語討論會論文）

21　汪辟疆《唐人小說》據忠州李氏平等閣鈔本校錄。

敦煌俗語詞輯釋

俗語詞即口語語詞，為近年來漢語詞彙研究的熱點，而敦煌文獻中的俗語詞則更是吸引了許多著名學者的研究。舉其要者，如業師蔣禮鴻先生的《敦煌變文字義通釋》及《〈敦煌資料〉（第一輯）釋詞》、郭在貽先生的《唐代白話詩釋詞》、《王梵志詩校釋拾補》等，項楚先生的《敦煌變文語詞札記》、《敦煌變文字義析疑》、袁賓先生的《變文語詞考釋錄》等皆是。[1] 項楚先先的《敦煌變文選注》、《王梵志詩校

1　業師蔣禮鴻先生的《敦煌變文字義通釋》1988 年已由上海古籍出版社出版新 2 版，《〈敦煌資料〉（第一輯）釋詞》收在 1986 年上海古籍出版社出版的《懷任齋文集》；業師郭在貽先生的《唐代白話詩釋詞》載於《中國語文》1983 年第 6 期，《王梵志詩校釋拾補》載於《中國語文》1987 年第 1 期；項楚先生的《敦煌變文語詞札記》載於《四川大學學報》1981 年第 2 期，《敦煌變文字義析疑》載於《中華文史論叢》1983 年第 1 輯，《敦煌變文語詞校釋商兌》載於《中國語文》1985 年第 4 期，《王梵志釋詞》載於《中國語文》1986 年 4 期；袁賓先生的《變文詞語考釋錄》載於浙江古籍出版社 1988 年出版的《敦煌語言文學論文集》。

注》[2] 則是以考釋俗語詞精詳著稱的兩部專書，他的《敦煌文學叢考》[3]
為查閱作者此前發表的單篇論文提供了方便。筆者與張湧泉曾隨先師
郭在貽先生撰著《敦煌變文集校議》[4]、《敦煌變文釋詞》等[5] 專著和論
文，考釋過一批俗字、俗語詞，本文則是在此基礎上的補充和增釋，
目的是為將來敦煌俗語詞彙釋的工做作些準備。為保材料準確，本文
所引敦煌寫本皆據縮微膠卷直接校録（若先已有録本則皆重新核實），
故文內逕稱原編號及篇題。至於「俗語詞」與文言詞等的界線，自來
未有定説，筆者在《漢語俗語詞研究的幾個理論問題》[6] 一文中曾有剖
析，此不贅述。

剪薛　剪薛　薛斫　薛斫

動詞，義為「斫殺，裁割，殄滅」。「薛」字等的上半部原卷皆作
「薛」或略有變異，即「薛」之俗寫。為免紛亂，諸字上半皆逕録正為
「薛」。P.3468《兒郎偉》（原題《達夜胡祠（詞）》）：聖人福禄重，萬
古難儔匹。剪薛賊不殘，驅儺鬼無失。東方有一鬼，不許春時出。西
方有一鬼，便使秋天卒。南方有一鬼，兩眼赤如日。北方有一鬼，渾

2　項楚：《王梵志詩校注》，上海古籍出版社 1991 年版。又此書全稿曾刊於《敦煌吐魯
　　番研究論集》第 4 輯，北京大學出版社 1987 年版。該書單獨出版時略有修訂。下引
　　項先生王梵志詩之校釋意見皆出於此書。又《敦煌變文選注》，巴蜀書社 1990 年版。

3　項楚：《敦煌文學叢考》，上海古籍出版社 1991 年版。書中所收論文共 24 篇，其中
　　19 篇為字詞校釋方面的。

4　《敦煌變文集校議》，岳麓書社 990 年版。此書對王重民先生等編的《敦煌變文集》
　　（人民文學出版社 1957 年版）中的各篇，採用核校原卷資料和旁引其他文獻資料的方
　　法加以匡補，主要側重於俗字、俗語詞的考證。

5　《敦煌變文釋詞》，刊於《語言研究》1989 年第 1 期。《敦煌變文詞語校釋》，收入
　　《郭在貽語言文學論稿》，浙江古籍出版社 1992 年版。

6　《漢語俗語詞研究的幾個理論問題》，刊於《杭州大學學報》1992 年第 2 期。

身黑如漆。四門皆有鬼，擒之不遺一。……」此首亦見於 P.3552 卷，原題《兒郎偉》，前四句為：聖人福祿重，萬古難儔匹。剪𤜾賊不殘，驅儺鬼無一。」「剪𤜾」同「剪𤜾」，義為「斫殺」、「殄滅」。「𤜾」為「𤜾」的分別文，唐人以「𤜾」作為「妖𤜾」的「𤜾」用，以區別於「庶𤜾」的「𤜾」，「剪𤜾賊不殘」意思是殺賊使不殘留。又 P.2491《燕子賦》：伊且單身獨手，嘍我阿莽𤜾斫！」「阿莽」即「阿沒」，義為「這麼」，「嘍」義為「夠」，「𤜾斫」《敦煌變文集》錄作「𤜾斫」（原卷實作「𤜾斫」，《敦煌變文字義通釋》列人「不能解釋的詞兒」待質錄》中。按：𤜾斫」別本 P.3757 作「𤜾斫」，與「剪𤜾」義同。「𤜾」「𤜾」袁賓校作「嚙」[7]，江藍生定「𤜾」為本字 [8]，皆恐未確。考「𤜾」、「𤜾」「𤜾」之本字當為「劈」。《説文》：「劈，斷也。從刀，薛聲。」此即「劈」字，上部「薛」表音，下部「刀」表義。桂馥《義證》云：斷也者，《廣雅》：劈，割也。」今本《廣雅》作「剭，割也」，而《集韻》云：剭，或作劈。」則《廣雅》確應有「劈，割也」之文。又《裴務齊正字本刊謬補缺切韻》「薛，私列切。劈，裁減。」「裁減」就是「割」的意思。此字《廣韻》又音「魚乙切」，與「𤜾」等（魚列切）音近，故可通假。

盡月

名詞，將盡極細之殘月或新月，多用以喻蛾眉。如 P.3213《伍子胥變文》殘卷：「臣聞秦穆公之女，年登二八，美麗過人。眉如盡月，頰似凝光。」江藍生校「盡」為「畫」，未確，《敦煌變文集校議》已指

7　袁賓：《敦煌變文校勘零札補記》，刊於《社會科學》（甘肅）1984 年第 4 期。

8　江藍生：《敦煌寫本〈燕子賦〉二種校注（之一）》，刊於《關隴文學論叢》，甘肅人民出版社 1982 年版。

出，今更補確證。S.2832《願文範本（擬）》：「小娘子蟬鬢欲飛，戀紅頰而難進；巫山盡月，質是眉生。」此「盡月」無法校作「畫月」。又L.1456 王梵志詩：猶如空盡月，凡數幾千回。」「空盡月」指高空的殘月，亦用「盡月」一詞。

決錯　錯決　厥錯　闕錯　落誤　脫錯　差謬

　　名詞，義為「脫謬」如 P.T.27 號藏文寫本背面題記：筆惡手弱，多有決錯。名（明）人見者，好以（與）正著。」（該題記自左向右豎寫。）又 P.2604《論語卷第一》題記：大中七年正月十八日伯明書記。意短手若（弱），自（多）有決錯。明若（師）見者，即以（與）蓋（改）却。」P.3780《秦婦吟》卷末學士郎馬富德顯德二年題記：「手若（弱）筆惡，若（多）有決錯。名書（明師）見者，決丈（杖）五索。」決錯」為並列式詞語，故又倒作「錯決」如 S.5562《禮懺一本》題記：「太平興國五年庚辰歲四月廿七日借請本寫者。更錯決者，後人讀者祭（察）著。記。」字又作「厥錯」如 P.3322《卜筮書》卷末張大慶題記：「首（手）惡筆若（弱），多有厥錯。明師見者，即〔與〕改却。」P.3433《論語卷第八》題記：手惡筆若（弱），多有厥錯。明師見者，即與蓋（改）却。」（「厥錯」原卷寫作「錯厥」而旁有勾乙號）S.2073《廬山遠公話》：白莊曰：『前頭事須好好祗對，遠公（二字衍）勿令厥錯。』遠公唱諾。」又：「於是遠公重開題目，再舉既（衍文）經聲，一念之終，並無厥錯。《敦煌變文字義通釋》1981 年新 1 版「厥錯」條引《廬山遠公話》二例，釋為「缺漏和錯失」，並引《敦煌石窟寫經題記・戒律名數節鈔題記》：丙午年七月五日，大蕃國肅州酒泉郡沙門法榮寫。手惡筆若（弱），多闕錯洿，有明師望乘（垂）改却。」然後斷云：「可證『厥錯』就是闕錯。」今核原卷北圖冬字 92 號，後幾句錄文不誤，

但「汏」為「後」之俗寫，原文應校補為「手惡筆若（弱），多〔有〕闕錯。後有明師，望乘（垂）改却。」《通釋》一九八八年新 2 版此條作了改釋，釋為「錯失」，云：「『闕錯』即厥錯。『厥』、『闕』是『蹶』的假借字。《唐摭言》卷十五，舊話篇自註：『凡後進遊歷前達之門，或慮進趨揖讓偶有蹶失，則雖有烜赫之文，終負生疏之誚。』『厥錯』、『闕錯』就是蹶失。」這兩種解釋究竟哪種準確？根據前文條列的例證，筆者以為還是舊說較確。因為例證中「決錯」、「錯決」、「厥錯」和「闕錯」都是講文句、文義的完整正確與否的，與「蹶失」義近而不一定是同個詞語。又有一些其他詞語也可印證「厥錯」等的含義，如日本池田溫先生編的《中國古代寫本識語集錄》[9] 中收的《一切如來心祕密全身舍利寶篋印陀羅尼經》釋道喜題記：「文字細小，老眼難見，即雇一僧令寫大字。一往視之，文字落誤，不足耽讀。然而粗見經趣，肝動膽奮，淚零涕進，隨喜感悅。」「落誤」即「闕錯」的同義詞。又如 P.2715《孝經一卷》後題記：「《孝經》一卷，丁亥年二月十四日寫畢，點勘一無脫錯。傳之後學，計不疑慮。」P.3918《佛說回向輪經》等經後題記：「朝散大夫試大僕卿趙彥賓寫，與廣林闍梨審勘校，並無差謬。」「脫錯」、「差謬」與「闕錯」等詞也都是同義詞，「決」、「厥」、「闕」、「脫」、「差」都是指缺漏，「錯」、「誤」、「謬」都是指寫錯字。至於「決、厥」「闕」三字，音義皆可相通，如《集韻・屑韻》「苦穴切」：「缺，破也。亦作決。」「缺」由「破」義引申為「少」，而《玉篇》：「闕，少也。」意思相同。又「厥」為「闕」的

9　池田溫《中國古代寫本識語集錄》，東京大學東洋文化研究所 1990 年版。此書收集敦煌寫本和各國收藏的其他古寫本的題記、志語，蒐羅極為廣泛豐富，按年月編錄，並詳註出處、收藏者和收藏地點等，是漢語古寫本題記的集大成之著。本文所引題記類材料大多已收入此書，筆者參考了錄文。

聲符，《玉篇》云「厥，短也」，與「闕」義同。據此，「決」可視為「缺」的或體，「厥」可視為「闕」的省略，而「缺」、「闕」為同義詞。

捵

　　動詞，義為「追逐」、驅趕」同今之「攆」字。如 P.2976 進士劉瑕《溫泉賦》：振（張）羅直至於洪口，趂（趁）獸却過於灞阡；搵掠東西，撮搦南北；從一頭舀，依次弟搯；拋桍枷描，掉胡祿側（捌）狗向前捵，馬從後驅。」此數句別卷 P.5037 作：「爭（張）羅直入洪口，趂（趁）獸却回於灞川；掩掠東西，撮搦南北；從一頭搖，□□□□；□勃伽貓（悖枷描），掉胡祿仄（捌）狗向前揙，馬從後逼。」其中「捵」作「揙」根據文義，「捵」、「揙」應是同義詞，但「揙」字罕用，《廣雅・釋詁二》「揙，拭也。」《廣韻・銑韻》「古典切」：「擶，拭面。揙，上同。」「揙」釋為「拭面（擦臉）」與本例文義難合，待考。

　　「捵」應與「蹍」為同詞異字。《集韻》：「蹍，乃殄切，蹈也，逐也。或作『跈』、『趁』。」徐復先生據此認為「趁」借作「蹍」，讀音應以《集韻》為正。[10]《敦煌變文字義通釋》則認為「趁」玄應《一切經音義》音「丑刃切」應是方音有分歧。按：《廣韻・震韻》：「趁，趁逐。俗作趂。」音「丑刃切」。又：「趁，踐也。亦作蹍，尼展切。《兩相比勘，「趁」字讀作「乃殄切」、「尼展切」時義為「蹈」、「踐」，讀作「丑刃切」時義為「追逐」、「驅趕」，音義本來有區別。但「蹍」字既有「蹈」義，又引申出「逐」義，而字又可寫作「趁」，因而「趁」的音義就有些難辨了。不過我們在敦煌寫本中所見的「趂（趁）」字却與「蹍」、「捵」不混，應讀「丑刃切」。一是因為「趁」字從未有異文

10　徐復：《敦煌變文詞語研究》，刊於《中國語文》1961 年第 8 期。

「趒」、「撚」或其他同音字；二是在《溫泉賦》中同一段文字內分別使用；三是韻書、字書中「趁」字有兩讀，《廣韻》明確說「丑刃切」的「趁」義為「趁逐」。

大段

作形容詞時義為「大量」、「許多」、「大部分」，作副詞時義為「大都」「幾乎」。作形容詞者如 S.2073《廬山遠公話》：「白莊比入寺中，望其大段資財，應是院院搜尋，寺內都無一物。」此處「大段」作「資財」的定語，只能是形容詞而非副詞，義為「大量」、「許多」又 P.3270《兒郎偉》：「太保神威發憤，遂便點緝兵衣。略點精兵十萬，各各盡擐鐵衣。直至甘州城下，回鶻藏舉（弃）無知。走入樓上乞命，逆者入火墳（焚）屍。大段披髮投告，放命安於城除（池）。」此處「大段」作句子的主語，但實際上看作省略中心詞「回鶻」，「大段回鶻」云云謂大量回鶻士兵披頭散髮地投降。又 P.2305《無常經講經文》：「還道講來數日，施利苦無大段。」「大段」義亦「大量」、「許多」。傳刻文獻中亦有用例，如唐文宗《重錄已駁選人粟錯等敕》：「如非踰濫，正身不到、欠考欠選、大段瑕病之外，即與重收。」「大段瑕病」義為「有許多缺點」。作副詞用者，例如 P.4615《降魔變文》：應時便開庫藏，般出紫磨黃金。選壯象百頭，馱舁即送。不那聖力加被，須臾向周，餘殘數步已來，大段欲遍。」（原卷文字有殘損，據《變文集》補。）此例中「大段」作「欲遍」的狀語，為副詞，義為「大都」、「幾乎」。「大段」一詞最初應是名詞，如《齊民要術‧養牛》：接取，作團，與大段同煎矣。」「大段」在句中作主語，為名詞，義為「量大的部分」。由名詞轉而為形容詞，再轉而為副詞，這是「大段」詞義發展的基本

過程。王鍈先生《唐宋筆記語辭彙釋》[11]一書收有「大段」一詞，釋為「大大的.、十分的、非常的，程度副詞」，並指出《辭源》釋為「重要、主要、完全、仔細等」的不準確。按「大段」一詞應分別從名詞、形容詞、副詞三方面去釋義，王釋猶未周備。

質素

名詞，義為「本質」「品性」S.328《伍子胥變文》：我雖貞潔、質素無虧，今於水上泊沙（拍紗），有幸得逢君子。雖即家中不被（備），何惜此之一餐！」項楚先生校云：「『質素』當乙作『素質』，謂潔白之身也。」[12] 按：「質素」不煩乙改，《太平御覽》卷三八一引王粲《神女賦》：「質素純皓，粉黛不加。朱顏熙曜，曄若春華。口譬含丹，目若瀾波。」「質素無虧」、「質素純皓」都是說品行貞潔，「質素」義為「品行」或「潔白之身」。「質素」為同義連文，本義為「本質」。如《易・履》「初九素履，往無咎。」孔穎達疏：處履之始，而用質素。」「質素」即指本質，《伍子胥變文》等例作「品性」講是它的引申義。

憨頭狼　汗蝦蟆

喻癡愚之人，「汗」為「憨」之同音借字。P.T.27 號題記中俗詩：「學士郎，郭會昌，看看一似憨頭狼。世間薄酒總飲盡，一朝出來褦（潯）城惶（隍）。」「憨頭」即「憨」，「頭」為形容詞詞尾，猶「長頭」（常常）、「老頭」（年老）之「頭」。《玉篇》：「憨，愚也，癡也。」S.778 王梵志詩：癡人連腦癡，買錦妻裝束。無人造福田，有意事奴僕。」

11　王鍈：《唐宋筆記語辭彙釋》，中華書局 1990 年版。

12　項楚：《〈伍子胥變文〉補校》，刊於《文史》第 17 輯。

S.5441 王梵志詩：兀兀貪生業，憨人合腦癡。」「癡人」即「憨人」，「憨頭狼」為其比喻詞。又《降魔變文》：「佛身唐唐長丈六，外道還同螢火幼。四大海水納毛端，五色神光出其口。梵釋天王恆引前，八部龍神皆從後。豈將一個汗蝦蟆，敢當大聖麒麟鬥！」「汗」通「憨」，「蝦蟆」即「蛤蟆（蛙類）」，亦喻癡愚之人，項楚先生《〈降魔變文〉補校》[13]云：『汗』疑為『旱』的音近字，『旱蝦蟆』胃癩蝦蟆。」按：此說未確。

擎草

穿草衣。P.3211 王梵志詩：人生一代間，貧富不覺老。王役逼驅驅，走多換（緩）行少。他家馬上坐，我且步擎草。種得果報緣，不須自煩惱。」項楚先生《王梵志詩校注》云：「步擎草，徒步持草，指充當僕役。『草』即馬料。」按：項說未確，「步擎草」謂步行而身穿草衣，象徵貧窮，與「馬上坐」象徵富貴相對比而言。王梵志詩頻頻寫及穿草衣，如「你富披錦袍，尋常被纏縛。窮苦無煩惱，草衣隨體著。」又如：「世間慵懶人，五分向有二。例著一草衫，兩膊成山字。」再如：「富兒少男女，窮漢生一群。身上無衣著，長頭草裏存（跦一蹲）。」又《齊民要術》原序：「五原土宜麻枲，而俗不知織績；民冬月無衣，積細草，臥其中，見吏則衣草而出。」亦可見穿草衣禦寒並非罕見之事。又「擎」有「穿衣」義，如 P.3724 王梵志詩：「十六作夫役，二十充府兵。磧裏向西走，衣甲困須擎。」故「擎草」義即穿草衣。

13　項楚：《〈降魔變文〉補校》，刊於《敦煌研究》1986 年第 4 期。

山障

屏風、臨時搭設的貨鋪之類的障蔽物。如 P.3211 王梵志詩：「興生市郭兒，從頭市內坐。例有百餘千，火下三五個。行行皆有鋪，鋪裏有雜貨。山障買物來，巧語能相和。眼勾穩物著，不肯遣放過。意盡端坐取，得利過一倍。」張錫厚先生註：「山障：山塞，邊關。」[14] 項楚先生註：「山障：山區交通阻塞之地。」按：「山障」當為同義連文，二字皆指障蔽物，此即指行市中臨時用板塊等搭設的貨鋪，「山障買物來」蓋謂到貨鋪買物來。「山障」一詞見收於《漢語大詞典》[15]，義項之一為「屏障」，有皮日休《奉和魯望秋日遣懷次韻》詩為例：「取嶺為山障，將泉作水簾。」義項之二為「屏風」，有顧瓊《臨江仙》詞為例：「象床珍簟，山障掩，玉琴橫。」無論是「屏障」還是「屏風」，「山障」一詞的基本意義都可歸結為「障蔽物」。至於《西廂記》第三本第三折「山障了『隔牆花影動』，綠慘了『待月西廂下』」中的「山障」以及張可久《寨兒令・妓怨》「他山障他短命，您窯變您薄情」中的「山障」，則都是由名詞轉為動詞而作「阻隔」解的。

青黃

借代錢帛。如 S.6207《兒郎偉》：若所需酒，任府追取杜康（下缺）；若所需餅，追取趙耆，待公（下缺）；若所需錢才（財），任（下缺）；若所須匹帛，庫藏皆有青黃。公但領物數放，可有何方（妨）？」從「酒」、「餅」、「錢財」、「匹帛」的排列及其對應物「杜康」（酒名）、趙耆」（餅名）來看，「青黃」指的是「匹帛」又 P.3211 王梵志詩：「奉

14　張錫厚：《王梵志詩校輯》，中華書局 1983 年版。下同。

15　《漢語大詞典》，共 12 冊，現已出 8 冊。本文寫成時只見到前 8 冊。

使親監鑄，改故造新光。開通萬里達，元寶出青黃。本姓（性）使流傳，涓涓憶（億）兆陽（揚）。」「張錫厚先生註：「青黃，青黃不接，青秧未長成，舊穀已完，喻匱乏。」項楚先生註：「青黃：熔冶金屬之氣色。……」按：此處「青黃」指鑄錢所用鉛、錫和銅等金屬的成色，銅多則黃，鉛、錫多則青。「元寶出青黃」蓋謂元寶錢用銅、鉛等鑄成而已。《說文》：「鉛，青金也。銅，赤金也。」以銅、鉛之色借代銅、鉛，復以銅、鉛借代錢，又以錢、帛往往通用（古為通貨），故又以「青黃」借代帛。《後漢書・桓帝紀》：芝草生中黃藏府。」李賢註：「《漢官儀》曰『中黃，藏府，掌中幣帛金銀諸貨物』也。」「黃」亦以金、銅之色而借代錢帛並作藏府名。

畢功斷手　畢供斷手　斷手

　　事情做完。如列寧格勒藏卷 DX1362 號《大寶積經法律法壽等施人》題記：當寺僧上伴志忍一人新戒，……太平興國三年戊寅歲次三月十五日下手，比至六月十五日畢功斷手，題記。」這是說從三月十五日「下手」抄寫《大寶積經》，到六月十五日抄寫完畢，故「畢功斷手」義為事情做完。又上海圖書館藏卷第 3 號《大寶積經法律法壽等施人》題記與此內容相同，文字稍有出入：「太平興國三年戊寅歲三月十五日下手，發心寫《大寶積經》，至六月十五日畢供斷手。當寺僧秀守、上伴一人，智忍新戒，……」「畢供斷手」即「畢功斷手」，「供」為「功」的同音借字。又有「斷手」單用之例，如新疆博物館藏卷《金光明經卷第二》題記：「庚午歲四月十三日，於高昌城東胡天南太后祠下，為索將軍佛子妻息合家寫此《金光明》一部斷手記竟。筆墨大好，書者手拙，具字而已。後有□□、□□之者，疾成佛道。」寫此《金光明》一部斷手記竟」意思是抄寫《金光明經》完畢並寫完題記。

兩盈

　　即「兩楹」，借喻兩樣東西、兩個人。S.4277 王梵志詩：「道從歡喜生，還從瞋恚滅。佛性兩盈間，由人作巧拙。天堂在目前，地獄非虛説。」「兩盈間」張錫厚先生乙作「盈兩間」，未確，應指「歡喜」與「瞋恚」這雨者間。S.5437《漢將王陵變》：「見有三十六人研營，捉得三十四人，更小（少）二人，便須捉得。更須捉得雨人，便請同行。兩盈不知，賺下落馬，蹦跪存（蹲）身受口勅之次，便乃決鞭走過。」張鴻勛先生《敦煌講唱文學作品選注》[16] 校「盈」為「人」未確，此處「兩盈」即指道路左右守將二人，「盈」為「楹」之借字，「兩楹」本指兩根柱子，故用以借喻兩個站立在道旁的守將。S.343《亡姒文》：如來有雙樹之悲，孔丘有兩盈之嘆。」「兩盈之嘆」為典故，「盈」為「楹」之借字可以確證。《禮記・檀弓上》：殷人殯於兩楹之間，則與賓主夾之也。……予疇昔之夜，夢坐奠於兩楹之間。……，予殆將死也。」原註：「兩楹之間，南面向明，人君聽治正坐之處。」按「楹」即「柱」，孔丘因夢中坐奠於兩柱之間，故以為是自己將死之徵兆，「孔丘有兩盈之嘆」即典出於此。

斷弦弓　就弦弓

　　喻老人彎屈之腰。P.3418 王梵志詩：身體骨崖崖，面皮千道皺，行時頭即低，策杖與人語。眼中雙淚下，鼻涕垂入口。腰似斷弦弓，引氣粗喘嗽。口裏無牙齒，強嫌寡婦醜。」「斷弦弓」P.3724 卷作「就弦弓」「粗喘嗽」P.3418 原作「噅喘急」，P.3724 作「瘦喘嗽」，張錫厚先生校作「瘦喘急」，項楚先生校作「嗽喘急」。按「噅」「瘦」皆「粗」

16　張鴻勛：《敦煌講唱文學作品選注》，甘肅人民出版社 1987 年版。

之俗字「庶」等形體之訛，雲 24《八相變》：見一老人，……緩行慢行，粗喘細喘。」「粗」字原卷作「庶」，麗 40 作，皆與「瘦」等形近易訛。「囇」即「嗽」之俗字，P.2755《五臟論》：紫菀緩東（款冬），棄（氣）嗽要須當用。」「棄嗽」S.5614、P.2155，P.2378 皆作「氣囇」，可證。「粗喘嗽」文義、韻　皆極切合。又「斷弦弓」項校改從「就弦弓」，云：「作『斷』雖亦通，究不如作『就』更為形象。」按：「斷弦弓」義較「就弦弓」強，「斷弦」非謂已斷之弦，而謂繃緊欲斷之弦，可用以喻緊急。如 P.2754《麟德安西判集》：「安西都護，鄰接寇場，兵馬久屯，交綏未決。非是軍謀不及，良由兵力尚微。目下待人，必知飢渴，方獲圖滅，急若斷弦。崔使今春，定應電擊。于闐經略，亦擬風行。」此即以「斷弦」喻軍事行動之緊急，不可將「斷弦」理解為斷了的弦。而「就弦弓」只是以「上了弦的弓」作喻，其彎曲程度和緊繃程度都要弱一些。

回過　回戈

　　動詞，義為「回返」「歸來」。例如 S.2144《韓擒虎話本》：僉（擒）虎拜舞謝恩，走出朝門，私宅憩歇。前後不經旬日，楊素戰蕭磨呵得勝回過，直詣閤門。」「得勝回過」意思是得了勝仗而回返，「回過」為近義連文。字又寫作「回戈」，如同篇：「羅侯得書，滿目淚流，心口思量：『我主上由（猶）自擒將，假饒得勝回戈，公（功）歸何處？』」兩相比照，「回戈」應即「回過」，「戈」為「過」之同音借字。又北京大學圖書館藏卷新 68 號《佛說八陽神咒經一卷》題記：「一為先亡父母，神生淨土；二為吉順等一行，無之（諸）災彰（障）。病患得差，願早回戈。」「回戈」同「回過」，其義更為明顯。

延長　長延

長，形容詞。如 P.4976《兒郎偉》：「天公至（主）善心不絕，諸寺造佛衣裳。現今宕泉造窟，感得壽命延長。如斯信敬三寶，諸佛助護遐方。夫人心行平等，壽同劫石延長。」二例「延長」皆為形容詞。又 S.4081《發願文》：「三寶覆護，萬善莊嚴；靈算延長，果報無盡。」S.6417《願文》：「天公主以（與）夫人保壽，而（如）滄海而無傾移；郎君、小娘延長，等江淮而不竭。」「延長」亦皆作形容詞。「延長」為同義連文，故又可倒作「長延」，意義不變。如 P.3302《兒郎偉》：「願我十方諸佛，親來端坐金蓮。薦我和尚景祐，福祚而（如）海長延。」

槍排　搶排

長槍，亦借喻戰爭。如 P.4055《兒郎偉》：伏惟我大王寶位，千秋永坐金臺。加以常行十善，月月奉持六齋。遂感四王護世，於國每施慈哀。更乃不通世界，近者一齊拜來。四道甚可清泰，塞外非起槍排。」又殷 41《行人轉帖》：「已上行人官有處分：今緣上音（？），並弓箭、搶排、白捧，不得欠少一色。帖至，限今二十六日卯時於西門取齊。如有後到，□丈（杖）七下。□□來錄名申上。」「搶排」當作「槍排」，「白捧」當作「白棒」。「槍排」應是由主謂關係變化而來，S.328《伍子胥變文》：「長槍排肩直豎，森森刺天。」，「排」即為動詞謂語。

破

破費，支付。如 P-4640 背面文書：「以前諸處計用得粗布柒伯肆疋參尺，細布壹伯柒拾玖疋參尺，粗、細都計用得捌佰捌拾參疋肆尺。又諸雜破免文狀計布壹拾伍疋貳丈。餘殘合見管庫內數目具在別狀。

紙破用數：己未年四月三日支與靴匠安阿丹助葬粗紙壹帖。十四日銜官張君子傳處分，樓上納細紙壹帖。……」文內「破免」、「破用」即破費、花費、使用、支付之意，其他如「消破」、「破除」等與「破」字連用之詞甚多，義略同。王鍈《唐宋筆記語詞彙釋》「破」字條云：「破，通『撥』，為『支撥』，『撥付』義；又通『報』，為『呈報』義，均用作動詞。『破』、『撥』、『報』一聲之轉。」按「一聲之轉」說未確，「破」為去聲字，屬滂母過韻；而「撥」為入聲字，屬幫母末韻，「報」為去聲字却屬幫母號韻，「破」與「撥」、「報」二字聲、韻悉異，尤與「撥」字則調類絕難隨意相通。《說文》：「破，石碎也。」《玉篇》：「破，解離也。」溫庭筠《蘇小小歌》：「買蓮莫破券，買酒莫解金。」「破」之有「支付」義即由「石碎」、「解離」義引申而得。

（原載於武漢華中理工大學《語言研究》1994 年第 1 期，發表時略有刪節，茲據手稿全刊）

敦煌俗語詞小札

　　筆者曾與先師郭在貽教授及師兄張湧泉合作完成《敦煌變文釋詞》等 [1]，此文再輯數條俗語詞考釋之，所引材料皆直接錄自原卷縮微膠卷（若先已有錄本則皆重新核實），故文內逕稱原卷編號及篇題。

談量

　　談揚，談說。「量」本為度量義，但此處已虛化為動詞詞尾，動詞意義已不明顯。P.4995《兒郎偉》：李樂榮（營）社內尊長，萬事總辦祇當。今載初修功德，社人說好談量。」P.3302《兒郎偉》：若說和尚功業，難可談量者矣！」P.3697《捉季布傳文》：「周氏向妻申子細，還道情濃舊故人。今遭國難來投僕，輒莫談量聞四鄰。」後例另本 P.2648，S.2056，S.5439、5441「談量」作「談揚」，《敦煌變文集》據改「量」為「揚」，蓋未知「談量」為詞也。「量」作詞尾，如「諮量」，

1　本文載《語言研究》1989 年第 1 期。其餘有合作的變文校釋論文 20 餘篇及《〈敦煌變文集〉校議》專著一部，該專著已於 1990 年由岳麓書社出版。

「思量」，「商量」等皆是。

出物子　主物子

最為出眾的美女。北圖藏卷新 0691《問對廿六條》：「問：『婦女妖華，妍鄙雖別，近乏所睹，未見異人，住（往）古以來，誰為令淑？如其出物子，可具陳。』某對：『某聞越眾驚人，多諸妖異；狂花實蕊，有艷無成。至如野狸入朝，時稱吏部；曲蚓當路，世號神童。故褒姒笑而傾周，妲己歡而滅紂。危邦亂政，其在茲乎？何令淑之可陳，特妖耶（邪）之作也！後賢口達乎，非龜鏡者哉！謹對。」「如其出物子」是說那些「令淑」中的「出物子」，問者謂之「異人」、「令淑」，可見不含貶義。但答者以為往古以來沒有「令淑」值得一提的，只有那些「妖邪」而已，其「出物子」所舉乃褒姒、妲己二人。「出」即出眾、出類拔萃之「出」，「物」即人物之「物」，「子」為詞尾。「出物子」在此特指妖華出眾之女。

又有「主物子」一詞，亦指美女。P.3833 王梵志詩：索婦須好婦，自到更需求。面似三拳作，心知一代休。遮莫你崔盧鄭，遮莫你彭城劉。若無主物子，誰家死骨頭！」「主物子」項楚先生謂原卷在「子」邊勾乙號「Ｖ」，故錄作「主子物」。[2] 按原卷「主物子」側無勾乙號，是前一行「盧」字左下部的一長撇，故「主物子」校錄不誤。張錫厚先生註：主物子：「俗稱主人。」[3] 按「主人」說未確，「主物子」應與「出物子」義同，皆指美女。詩的首句「索婦須好婦」已揭示詩意，「好婦」指美女，而決非單指品行好的婦女，所以接著假設將娶之婦「面

---

[2]　項楚：《王梵志詩校注》，載《敦煌吐魯番研究論集》第 4 輯，北京大學出版社 1987 年版。下引項說有關王梵志詩者皆出此。

[3]　張錫厚：《王梵志詩校輯》，中華書局 1983 年版。下引張說皆出此。

似三拳作」（蓋謂臉似三個拳頭作成的，極其皺縮醜陋），那麼就「心知一代休」，此生此世算完了。哪怕你是崔、盧這樣的豪門貴族，若無絕代佳人（主物子），有誰想去攀親！

　　這裏的「出物子」、「主物子」意義上略同於後世所謂「尤物」，如《紅樓夢》卷六六：「我在那裏和他們混了一個月，怎麼不知？真真一對尤物！」「尤物」在構詞上與「出物」、「主物」恰同，本指特出人物或動物等，而皆轉為特指美女。

摸馬攀鞍

　　上馬。S.5436《漢將王陵變》：「二將辭王訖，走出軍門，摸馬攀鞍，人如電掣，馬似流星。」同篇 P.3627 卷：「盧綰辭王已訖，走出軍門，摸馬攀鞍，不紀（經）旬日，便到楚家界首。」又：「辭王已了，走出軍門，摸馬攀鞍，人如掣電，馬似流星。」S.2144《韓擒虎話本》：「道由（猶）言訖，便奔床臥，才著錦被蓋却，摸馬舉（攀）鞍，便昇雲露（路）。」按首例 P.3627 作「模」，《變文集》據以盡校後例「摸」為「模」復校作「秣」誤。江藍生、袁賓、項楚等皆校作「騫」[4]，亦恐未確。《玄怪錄》[5] 卷四《岑曦》：有頃，朝天時至，執炬者告之。曦簪笏而出，撫馬欲上，忽捫其頸曰：『吾夜半項痛，及此愈甚，如何？』「撫馬」即「摸馬」《廣雅·釋言》：摸，撫也。」三國志·魏志·華佗傳》：「使人手摸知其所在，在左則男，在右則女。」皆可證。故「摸馬攀鞍」非「摸馬」、「攀鞍」表示一個動作，而是先「摸馬」，後「攀

4　見江藍生：《〈敦煌變文集〉校記補議》，《敦煌學輯刊》1984 年第 1 期；袁賓：《〈敦煌變文集〉校補》，《華東師範大學學報》1985 年第 2 期；項楚：《敦煌變文選注》，巴蜀書社 1989 年。

5　上海古籍出版社 1985 年版。

鞍」。

害

害病，患病。如 P.2653《燕子賦》：「雀兒被額，更害氣噴。把得問頭，特地更悶。」P.2718《茶酒論》：「若人讀之一本，永世不害酒顛茶風。」P.2187《破魔變文》：「身脞頸縮，恰似害凍老鴟；腰曲　長，一似過秋穀鷚。」按「害」字《辭源》無「害病」之義項，而有「害肚曆」詞條，「害」即害病義，例出宋人彭乘《續墨客揮犀》；《漢語大字典》雖有「得病」之義項，引例却為《清平山堂話本・合同文字記》中的句子，乃宋、元間文字。考稗海本《搜神記》卷二「王子珍」條：「家人報失一白公雞，七日未知去處。眾共尋，乃見白雞在架墻上而坐，害左眼。……瞎左眼者所射中也。」一云「害左眼」，一云「瞎左眼」，則「害」字義在「患」與「傷」之間，由此可知「害」之得病義蓋傷害義引申而來。又「更害氣噴」例，蔣禮鴻師認為「更害」為「間介」、「扞格」之聲轉，呂叔湘先生認為「害」為常義（即指害病）[6]，但呂先生的說法只有在找到以上唐及唐以前的例證時才真正得到落實。

烏枯眼

凹陷的眼眶。P.3418 王梵志詩：知識相伴侶，暫時不覺老。面皺黑髮白，把杖入長道。眼中冷淚下，病多好時少。冤家烏枯眼，無眠天難曉。」張錫厚先生註：「烏枯眼：喻冤恨仇結，怒目相視。猶如『烏眼雞』。」項楚先生註：「烏枯眼：當是形容凶恨之貌，俟再考。」按「烏枯」即「嘔摳」、「甌摳」、「歐摳」、「冤枯」等之異寫，為同一聯

6　　呂叔湘：《新版〈敦煌變文字義通釋〉讀後》，《中國語文》1982 年第 3 期。

綿詞。《集韻》「（烏侯切）瞘，目深也。或作瞚。」又：「墟侯切）眗，《埤蒼》：『目深貌。』或作瞚、瞘。」范寅《越諺》卷下：「眗瞘，深目貌。俗言眼睛瞚進即此。瞘同。」《董西廂》卷二《雙調·文如錦》：生得眼腦甌摳，人才猛浪。」《流星馬》卷三：「眼歐摳，眉倒粗，達達番軍。」《降魔變文》：「頭如蓬窠，項似針釘，肋如朽屋之椽，眼如井底之星。」《此「井底之星」即喻眼之瞘摳深陷。

（原載湖南師範大學《古漢語研究》1992 年第 1 期）

《壇經校釋》釋詞商補

向　向前　向後

　　介詞，於。《壇經校釋》[1]：「惠能得錢，却向門前，忽見一客讀《金剛經》，惠能一聞，心明便悟。」（4頁）按：這裏的「向」是介詞，用法同文言的「於」，不表示方向，因而「却向門前」後的逗號必須刪去。同上書：「莫思向前，常思於後。」（40頁）郭朋先生註：「……則『向前』，實為『向後』——向已往，向過去——頗似現在所謂不要向後看、要向前看。」這顯然是誤解了「向」的詞義，其實文中「向」與「於」互文，「向」就是「於」。「向前」就是「於前」，指在先的事。又有「向後」等詞，如上書：「不知向後有數百人來，欲擬頭惠能奪於

1　《壇經》是唐代慧能和尚的語録和事蹟的匯編，郭朋先生根據敦煌寫本 S.5475《南宗頓教最上大乘摩訶般若波羅密經六祖惠能大師於韶州大梵寺施法壇經一卷》的校録本（日本鈴木貞太郎、公田連太郎校録）和多種傳刻本作了較詳細的校釋，中華書局1983年第1版。郭校本在校録、標點上都還有一些明顯的錯誤，因本文旨在考釋俗語詞，故只在引及文字內順便作了幾處校訂。以下引《壇經校釋》皆同，並註明頁碼。

法。」（22頁）句中「向後」即「於後」，指後來、以後；「頭」是「投」的同音借字，郭注疑當作「向」，未確。「向」作「於」用，不限於禪籍，魏晉南北朝以來漢譯佛經、詩賦、變文、詞曲等皆習見，詳張相《詩詞曲語辭彙釋》[2]、江藍生《魏晉南北朝小説詞語彙釋》[3]、袁賓《禪宗著作詞語彙釋》[4]等該條考。

獦獠

西南少數民族的泛稱。《壇經校釋》：「大師遂責惠能曰：『汝是嶺南人，又是獦獠，若為堪作佛！』惠能答曰：『人即有南北，佛性即無南北；獦獠身與和尚不同，佛性有何差別！』」（8頁）郭朋先生註：「獦，亦作『猲』，音葛，獸名。《説文》：『獦，短喙犬也。』獠，音聊。《説文》：『獠，獵也。』則『獦獠』者，當是對以攜犬行獵為生的南方少數民族的侮稱。黃山谷《過洞庭青草湖》詩：『行矣勿遲留，蕉林追獦獠。』這裏的『獦獠』既指野獸，又指獵人。……」按：郭説未確，「獦」是「獵」的俗字，魏晉以來習見，敦煌寫本則幾無例外。《顏氏家訓・書證》：『……自有訛謬，過成鄙俗，『亂』旁為『舌』，『揖』下無『耳』……『獵』化為『獦』。「獦」和「獠」在此只是西南夷的別稱，並無「野獸」、「獵人」之義，更不可能二義雙關，同時「獦獠」本身也沒有明顯的貶意。《廣韻・葉韻》「良涉切」：「獦，戎姓，俗作田獦字，非。」同書《皓韻》：「獠，西南夷名。獠，同獠。」《集韻》：「獠，戎夷別名。」皆足證明。

2　中華書局 1979 年第 3 版，下同。

3　語文出版社 1988 年第 1 版。

4　江蘇古籍出版社 1990 年第 1 版，下同。這是中國當代學者第一部禪籍俗語詞考釋專著，考釋頗為精審。

在

助詞，位於句末，表示現在或過去正在進行著的動作或正在持續著的狀態。《壇經校釋》：「六祖言：『神會小僧，却得善不善等，毀譽不動。餘者不得，數年山中，更修何道？汝今悲泣，更有阿誰憂吾不知去處在？若不知去處，終不別汝。……』」（100頁）這裏「在」字即表示正在進行或持續著某一動作、狀態，「憂吾不知去處在」意思就是「在憂吾不知去處」。這個「在」字也習見於韻文，張相《詩詞曲語辭彙釋》云：「在，語助詞，猶著也；得也。然用法複雜，其餘當隨文而異其解。」在隨文而解的部分中，分別將「在」釋為「哉」、「耳」、「矣」、「些」、「啊」、「呢」、「也」等。徐仁甫《廣釋詞》「在一者」條則抄了張相舉過的部分例句後改釋「者」，云：「『在』猶『者』，代詞。……詩詞中『在』字用於句末者，『在』有時猶『者』。」同一種語境使用的「在」字被解釋得如此紛煩歧出，只能說明沒有抓住要害。這裏有必要舉一例未被引用過的句子來作些分析。敦煌開元十一年（723）寫本《啟顏錄‧昏忘》：「果毅問：『阿兄何在？』青奴云：『阿兄見在屋裏。』果毅又問云：『阿兄在屋[5]裏作何物在？』青奴又報云：『阿兄在屋裏新生兒，見向蓐裏臥在。』果毅乃大怪笑。尋問，始知是阿嫂。」例文中共出現六個「在」字，不加點的四例都是一般的動詞或介詞。用張相的說法，第一個加點「在」字似乎可釋為「哉」或「呢」，但張相所釋之例都是陳述句或感嘆句，所以實際上不能解通此句；第二個加點「在」字似乎可釋為「著」，但兩個「在」字用法相同却無法作出相同的解釋。同時，用徐仁甫的說法就更無法講通了。如果我們

5　「屋」字王利器先生校錄本脫，茲據原卷補。王錄本載於上海古籍出版社1981年新
　　1版的《歷代笑話集》，錄字多改繁體為簡體，繁、簡字混雜而且誤錄、漏錄較多，
　　標點也頗有錯誤。

不是拘泥於找一個確定的字來對譯「在」字，而是揭示它的語法功用，那問題就簡單多了：前一例句可解作「阿兄正在屋裏作何物」（作何物，義即「幹什麼」），後一例句可解作「見向蓐里正臥著」（向，介詞，義即「於」），「在」字只是表示正在進行的動作或持續的狀態。在張相舉的例句中，「詩酒尚堪驅使在」、「共憐筋力猶堪在」、「八月還平在」、「拂衣司諫猶忙在」、「春色尚堪描畫在」、「明王獵士猶疏在」、「比雪猶松在」、「猶能為我相思在」、「詩酒放狂猶得在」、「晚風猶冷在」、「近水數枝還小在」等都有「尚」、「猶」、「還」之類表示動作、狀態持續性的副詞與「在」配合使用，「在」字的語法作用則更為明顯。其他一些例句，有的雖沒有這類副詞配合使用，但「在」的意義仍能體會出來；有的例句則「在」字可能是實義動詞，或其他特別用法，不應相提並論。

是

　　名詞詞頭，放在人名、人稱代詞之前。《壇經校釋》：「若坐不動是，維摩詰不合呵舍利弗宴坐林中。」（28 頁）按：此句標點有誤，應將「是」字屬下讀，「是維摩詰」為一個詞。郭朋先生所以會在「是」下點斷，是因為沒有搞清「是」字其實是個詞綴。類似的例子，如《敦煌變文集・李陵變文》：公孫遨（敖）怕急，問『蕃中行兵將是阿誰？』是李敘（緒）不能自道：『蕃中行兵馬，不是餘人，是我李陵。』」（93 頁）[6]「是李敘（緒）」為一詞，「是」字不能獨立為詞。《敦煌變文集・廬山遠公話》：「相公曰：『是他道安是國內高僧，汝須子細思量。』」（185 頁）又：「若是諸人即怕你道安，是他善慶，阿誰怕你！」（186

6　《敦煌變文集》，人民文學出版社 1957 年第 1 版，下同，並註明引文所在頁碼。

頁）《敦煌變文集・韓擒虎話本》：「衾（擒）虎亦（一）見，當時便問：
『公是甚人？』」（205 頁）此例「公是甚人」原卷 S.2144 實作「是公甚
人」，「是公」為詞，《變文集》校錄者不明「是」字為詞頭而徑予乙
轉，誤。這個用法的「是」字，項楚先生認為是語助詞，他在《〈廬山
遠公話>補校》[7]「是你，寺中有甚錢帛衣物，速須搬運出來」（《敦煌
變文集》172 頁）條下校云：「『是你』當與下文連讀。這個『是』字
是唐人口語中用於句首人稱代詞前的語助詞，沒有實在意義。』」項說
近是，但應指出：一、「是」不僅可放在人稱代詞前，也可放在人名
前，如「是維摩詰」、「是李敘」等；二、「是」不僅可放在句首，也可
放在句中，如《李陵變文》：「單于曰：『尋思是你漢家你（衍文）將，
倒不解深謀，料一時之功，行萬里之地。……』」（92 頁，據寫本原件
重作校錄）此例「是」字在「尋思」二字之後，而「尋思」二字無論
如何不能歸於上文；三、「語助詞」的概念較模糊，前人有時指詞綴，
有時指語氣詞，以及助詞、指代詞等，不如稱「詞綴（詞頭）」明確。
袁賓先生在《禪宗著作詞語彙釋》中也考釋了「是」的用法，增加了
許多禪籍諸例和元明清時期劇曲、小說諸例，歸納為二類：「一、置於
句首，加強肯定語氣，其後多緊跟人稱代詞。二、置於疑問句首，加
強疑問語氣，其後多緊跟人稱代詞。（例句略）」按：此說只適用於元
明清諸例，對唐宋時期加在人名、人稱代詞前的「是」字並不十分切
合。如果說「是」字略有強調作用（一些準詞綴仍帶有限定詞性詞義
類別的作用），那所強調的只是緊跟在「是」字後的名詞、代詞或其他
詞組（後一類如袁先生舉出的元劇「是潑水在地怎收拾」句，「潑水在

7　原文載於《敦煌學論集》，陝西人民出版社 1985 年版；又載於上海古籍出版社 1991
　　年出版的《敦煌文學論叢》。

地」是強調的部分），而不是整句的陳述語氣或疑問語氣。類似「是潑水在地」這樣的例子，「是」字不是詞綴，應該單立一個義項。

置功　置功勳

動詞，用功、下功夫。《壇經校釋》：「善知識！又見有人教人坐，看心看淨，不動不起，從此置功。」（28 頁）此處「置功」即用功之意甚明。不過在《敦煌變文集・捉季布傳文》中有一例則頗費解：「良久搖鞭相歎羨，看他書札署功勳。」（62 頁）「署功勳」三字，原卷 P.3697 實作「暑功勳」，戊卷 S.5440、辛卷 S.5441 作「置功勳」，丁卷 P.3197、庚卷 S.5439 作「用功憨」，別卷皆殘。比較異文，「暑」（原錄誤作「署」）當作「置」，「置功勳」義同「用功憨」至於「勳」是否是「憨」的形近誤字則難以遽定。

趁

動詞，追趕。《壇經校釋》：「唯有一僧，姓陳名惠順，先是三品將軍，性行粗惡，直至嶺上，來趁犯著。惠能即還衣法，又不肯取。」（22 頁）按：此段應標點為：「……直至嶺上來趁，犯著惠能。……」「趁」的這種用法頗為習見，如《伍子胥變文》：行得廿餘里，遂乃眼瞤耳熱，遂即畫地而卜，占見外甥來趁。」（8 頁）「趁」字音「丑刃切」，見載於《一切經音義》卷一：「趁逐：丑刃反，謂相追趁也。關西以逐物為趁也。」《敦煌變文字義通釋》[8] 收釋了「趁」字，但引徐復先生之說認為「趁」是「跈」的借音字，《集韻》「跈」下收有異體「跈」、「趁」，音「乃殄切」。按：敦煌寫本「趁」皆寫作「趂」，不寫

8　上海古籍出版社 1988 年新 2 版。

作「趁、跈」,「踲」則未見用例。而同是《集韻》,除「踲,乃殄切,蹈也,逐也。或作跈、趁」之外,還有去聲的「趁、趂:《説文》:『遷也。』或從厼」一條,「趂」就是敦煌寫本中習見的「趂」因而與「踲」並非同一個字。在《廣韻》中,「趁」字下註:「趁逐,俗作『趂』。」另在上聲中亦收「趁」字,注云:「踐也。亦作『躔』。尼展切。」沒有注上「俗作趂」的話,可見二「趁」字音、義不同,在俗寫中字形也不一樣。又在《龍龕手鏡・走部》中,上聲中只有「趁」字:尼展反,踐也。」沒有「趂」字。而在去聲中却只有「趂」字:「丑刃反,逐也。」也可證在實際使用中「趁」、「趂」二字形、音、義皆有區別。

指授　指受

　　動詞或名詞,教導、命令等義。《壇經校釋》:「使君問:『和尚!在家如何修,願為指授!』」(71頁)「願為指授」意為希望給我教導。「授」亦寫作「受」,因為「受」為「授」的古字,本有傳授、接受二義,後為區別二義而造「授」字。《敦煌變文集・難陀出家緣起》:「難陀聞説此來由,走到佛前説豆流:唯願世尊相拯受,與我如今剃却頭!」(401頁)文中「豆流」即「逗留」,義為「原因、事情經過」;「拯受」不辭,查原卷 P.2324、「拯」作「抔」。當是「指」字草書之訛,「相指受」意即相教導、相指教。同上書《祇園因由記》:「須達言:『我不解儀則,令佛弟子與我指受!』」(406頁)「與我指受」意即給我指導。「指授」一詞在魏晉南北朝譯佛經中早已習用,《魏書》等史書也用例極多,我已另文輯釋。

祇

　　動詞詞頭。《壇經校釋》:「但得法者,祇勸修行,諍是勝負之心,

與道違背。」（75頁）「祇」字是「祗（zhì）的誤録，原卷作「袛」，乃「祗」的俗字，敦煌寫本中習見。當然，「祗」與「祇」在刻本中字形多混，因而「祇」有時也就是「祗」，但敦煌寫本中二字字形判然有別。「祗」字作動詞詞頭，可與「當」、「承」、「敵」、「擬」等許多動詞結合，詞義只在「祗」後的部分，「祗」沒有「恭敬」之義。《禪宗著作詞語彙釋》有「抵擬、祗擬」條，釋義為「應付」，這是對的，因為「擬」這個動詞有「防備」、「抵禦」義。但説「『祗』字的聲母為舌上音，『抵』為舌頭音，古無舌上音，……因此，『祗擬』和『抵擬』在口語裏可能就是同一個詞兒，至少也應該是同源詞」，則仍未講清「祗」、「抵」二字的關係。從敦煌寫本諸例用「祗（祖）」不用「抵」來判斷，「抵」實際上只是「祗」的形誤字而已。有的學者把變文中的「祗當」校改為「抵當」[9]，則是對「祗」的詞綴性質的不瞭解。

9　詳參《敦煌變文集校議》第 171 頁《燕子賦》「身作還自抵當」條所引。《校議》一書湖南嶽麓書社 1990 年出版。

魏晉南北朝俗語詞考釋

　　呂叔湘先生在《〈魏晉南北朝小説詞語彙釋〉序》中説：「這本書的內容又讓我想到古代漢語和近代漢語的分期問題。語音方面該怎麼分期是另外一回事，以語法和詞彙而論，秦漢以前的是古代漢語，宋元以後的是近代漢語，這是沒有問題的。從三國到唐末，這七百年該怎麼劃分？這個時期的口語肯定是跟秦漢以前有很大差別，但是由於書面語的保守性，口語成分只能在這裏那裏露個一鱗半爪，要到晚唐五代才在傳統文字之外另有口語成分占上風的文字出現。拿目前這本書裏邊的詞語來看，從古典書面語的立場説，這些都是『俗語』，也就是説，都可以算是近代漢語的『露頭』。語法方面也有類似的情形。長期的言文分離，給漢語史的分期造成一定的困難。因此，是不是可以設想，把漢語史分為三個部分：語音史、文言史、白話史？這樣也許比較容易論述。」[1]

　　這段話很重要，代表了呂先生近年來對漢語詞彙史分期問題研究

1　見江藍生《魏晉南北朝小説詞語彙釋》，語文出版社 1988 年版。

的最近見解[2]，對我們搞漢語詞彙的人很有指導意義。俗語詞的研究是白話史研究的主體，而俗語詞的研究必須上溯到漢魏六朝時期方能正本清源。本文所考釋俗語詞若干條，即為筆者在這一研究領域的一點嘗試。

咨　諮問　諮謀　咨議　咨道　咨論　咨啟　咨聞　咨說　咨白　咨屈　次說　諮說　欵說　咨報

　　亦寫作「諮」。動詞，義具三向：正向詢問於人，平向商議於人，反向告訴於人，其主客授受關係可代之以符號：＝＝＝。此類詞語前人及時賢皆未甚掛意，無以名之，姑稱之為「三向詞」或「三訓詞」，以與常義詞、反訓詞相區別。第一，正向詢問於人。《說文》：「咨，謀事曰咨。」段註：「《左傳》曰：『訪問於善為咨。』毛傳同。」此其常義，沿用至今，魏晉南北朝時亦不例外。如《後漢書・趙典傳》「朝廷每有災異疑議，輒咨問之。」（948頁）[3]第二，平向商議於人。《三國志・魏書・袁紹傳》裴註：「臣松之以為紹於時與卓未構嫌隙，故卓與之諮謀。」（190頁）同上書卷十五《溫恢傳》：「又語張遼、樂進等曰：『揚州刺史曉達軍事，動靜與共咨議。』」（478頁）同上卷《張緝傳》裴注引《魏略》：「（李）豐時取急出，子䎘往見之，有所咨道。」又同書卷十三《王肅傳》裴注引《魏略》：「其後征東將軍曹休來朝，時帝方與（薛）夏有所咨論。」（421頁）諮謀、咨議、咨道、咨論，皆與人商議之意。第三，反向告訴於人。《三國志》卷五《后妃傳》：「值三主幼弱，宰輔統政，與奪大事，皆先咨啟於太后而施行。」（168頁）此處「咨

啟於太后」只能理解為稟告於太后，而不能理解為詢問於太后或謀於太后。又《北齊書》卷十《高祖十一王》：「乃詣閣諮陳。」（134 頁）此種意義之用例魏晉南北朝時期較為少見，說明其產生時間較近。慧琳《一切經音義》卷五四《佛說鴦掘摩經》音義「諮諏」條：「《考聲》云：『諮，問於善也。』《廣雅》云：『白也。』」「白」蓋即稟白之白，此為「諮」有稟白義之最早記錄，然檢今本《廣雅》而不見此條，不知是否為佚文？但到唐、五代則大量見於敦煌口語文獻及文人筆記小說之中，說明已大為流行。如《敦煌變文集》337 頁：「謹咨大王，何必怪責。」又 61 頁：「一依前計具咨聞。」330 頁：「却往天中具由咨說云云。」305 頁：「於是三女遂即向前，咨白父王云云。」24 頁：「愧賀不輕，故未（來）咨屈。」咨、咨聞、咨說、咨白、咨屈，等等，「咨」皆告訴、陳說之意。又 407 頁：「太子具上被誑之由，次補（鋪）金之事。」按「次」下所存原卷、甲卷悉有「說」字，「次說」即「咨說」之省，506 頁：「不問未能諗說得，既蒙垂問即申陳。」「諗說」辛卷、己卷作「次說」，皆即「諮說」庚卷作「言啟」可證。[4] 又《容齋隨筆》卷九「翰苑故事」：「公文至三省，不用申狀，但尺紙直書其事，右語云『諮報尚書省，伏候裁旨』，月日押。謂之諮報。」歐陽修《歸田錄》卷二：「若百司申中皆用狀，惟學士院用咨報，其實如札子，亦不書名，但當直學士一人押字而已，謂之咨報。此唐學士舊規也。」《辭源》、《漢語大字典》分別收錄此兩條，然皆只說為舊時公文之一種，不釋「咨報」之詞義，蓋亦未知「咨」有啟白、陳說之意也。

4　「咨」之反訓義王鍈先生《敦煌變文詞義補箋》（《貴州民族學院學報》1988 年第 1　　期）、業師郭在貽先生與筆者及張涌泉合著的《敦煌變文詞語校釋》（《語言研究》　　1989 年第 1 期）略已論及，但例證僅限於唐代。

祇　祇承　祇當　祇奉　祇事　祇受　祇應

　　動詞，承也。「祇」字古今字書、韻書、辭書大抵皆注曰「敬也」，唯《龍龕手鏡》注曰：「祬，音脂，敬也，又～承也。」「祬」即「祇」。「又～承也」可有兩種讀法，一是「又：祇承也」，一是「又：祇，承也。」依前式只説明有「祇承」一詞，其中「祇」之意與「敬也」不同；後式則説明「祇」字單用便有「承」意。雖然從邏輯上説二者只能有一種是符合編者原意的，但由於確確實實有例可證明「祇」有「承」義，因而「祇承」便可論定為同義連文，故二式實際上皆能成立。《三國志》卷二《文帝紀》裴註：「丁卯，冊詔魏曰：『天訖漢祚，辰象著明，朕祇天命，致位於王。……』」（72 頁）此處「祇」字單用，而又只能解作「承」。同上引桓階等奏曰：「周武中流有白魚之應，不待師期而大號已建，舜受大麓，桑陰未移而已陟帝位，皆所以祇承天命，若此之速也。」（71 頁）兩相比照，可知「祇」即「祇承」此義唐宋時期所用更廣，如《變文集・燕子賦》：但辦脊背祇承。」（252 頁）此言捋出脊背承受棒打也。《尚書・大禹謨》：「文命敷於四海，祇承於帝。」《文選》陸士衡《答賈長淵》詩：「祇承皇命，出納無違。」《辭源》「祇承」條收此二例，皆釋為「敬承，恭奉」。按陸詩已屬晉時作品，此時「祇」已含「承」義，故此例當與《尚書》例不同。又有「祇當」一詞，義與「祇承」同。如《燕子賦》：「身作還自抵當，入孔亦不得脱，任你百種思量。」（250 頁）按「抵當」一詞，所據校録之甲卷（P.2941）實作「祇當」校録者蓋未明其意而誤録也。又此詞江藍生謂「祇」為「抵」之形訛[5]，其誤亦同。《敦煌資料》第 1 輯 322 頁：「其地內除地

5　《敦煌寫本〈燕子賦〉二種校注（之一.）》載甘肅人民出版社 1982 年出版之《關隴文學論叢》。

子一色餘有所差稅，一仰地主祗當，……更親姻及別稱為主記者，一仰保人祗當，鄰近覓上好地充替。」其中「祗當」皆即承擔之意。又有「祗奉」一詞，如阮籍《大人先生傳》：「汝又焉得挾金玉萬億，祗奉君上而全妻子乎？」《辭源》引此例，釋為「敬奉」又有「祗事」一詞，《南史·黃回傳》：「回既貴，祗事戴明寶甚謹。」《漢語大字典》引此例，釋為「敬事」。此皆有未確，「祗奉」即承奉，「祗事」即奉事。其他如「祗受」、「祗應」等皆應作如是觀，例多不煩枚舉。

分義　故義

　　名詞，義為「情義」、「結義兄弟」。第一，情義。如《三國志》卷四七《吳主傳》裴注引《魏略》：「（孫）權世受寵寓，分義深篤，今日之事，永執一心。」（1127頁）又同上《吳主傳》：權報曰：……又孤與君分義特異，榮戚實同，來表云不敢隨眾容身苟免，此實甘心所望於君也。」」又卷十三《華歆傳》：「孫權欲不遣，歆謂權曰：『將軍奉王命，始交好曹公，分義未固，使僕得為將軍效心，豈不有益乎？』」（401頁）此皆文義甚明。「分義」之「分」當讀去聲，義即「情分」。卷七《臧洪傳》：「洪答曰：……僕小人也，本因行役，寇竊大州，恩深分厚，寧今日自還接刃！」（233頁）又：「主人之於我也，年為吾兄，分為篤友，道乖告去，以安君親，可謂順矣。」（234頁）二例「分」皆情分之意。第二，結義兄弟。如《三國志》卷十三《鍾繇傳》裴注引《先賢行狀》曰：「時太丘長陳寔為西門亭長，皓深獨敬異。寔少皓十七歲，常禮待與同分義。」（392頁）「禮待與同分義」意即像對待兄弟一般對待他。此義唐宋時亦有，如《變文集·捉季布傳文》：「忍饑受渴終難過，須投分義舊情親。」（55頁）又：「只是舊時親分義，夜送千金來與君。」（56頁）後例「分義」庚卷作「公義」，別是一詞，

於此文義不合。由上引例證可知，此「分義」並非指親兄弟，而是一些結義兄弟、患難朋友。又有「故義」一詞，指老朋友、舊相識。如《三國志》卷三《明帝記》裴注引《博物誌》曰：「時京邑有一人，失其姓名，食啖兼十許人，遂肥不能動。其父曾作遠方長吏，官徙送彼縣，令故義傳供食之；一二年中，一鄉中則為之儉。」（101頁）「令故義傳供食之」意即讓老朋友們或僚屬門人輪流供養之。

公義

名詞，義為「正義」、「正理」。如《三國志》卷十五《劉馥傳》裴注引《晉陽秋》曰：劉弘子叔和，……其在江、漢，值王室多難，得專命一方，盡其器能，推誠群下，屬以公義，簡刑獄，務農桑。」（456頁）「屬以公義」即以正理勉之、督之。又同書卷六《袁術傳》裴注引《吳書》：「幽州牧劉虞宿有德望，紹等欲立之以安當時，使人報術。術觀漢室衰陵，陰懷異志，故外托公義以拒之。」（208頁）卷八《公孫瓚傳》裴注引《吳書》：「是時術陰有不臣之心，不利國家有長主，外托公義以答拒之。紹亦使人私報虞，虞以國有正統，非人臣所宜言，固辭不許。」（242頁）「外托公義」即表面上托以堂堂正正、冠冕堂皇之理也。

規

動詞、名詞，有「謀劃」義，有「趨向」義。第一，謀劃。此義業師郭在貽先生有考[6]，略舉二例。《三國志》卷十《荀彧傳》裴注引《彧別傳》：「太祖又表曰：『……建宜住之便，恢進討之規。……古人

6　郭先生的《魏晉南北朝史書語詞考釋》一文，發表於《古漢語研究》1990年第3期。

尚帷幄之規，下攻拔之捷。』」（316頁）二「規」字皆即「謀劃」之意。第二，趨向。《三國志》卷十一《邴原傳》裴注引《原別傳》：「原曰：『人各有志，所規不同，故乃有登山而採玉者，有入海而採珠者，豈可謂登山者不知海之深，入海者不知山之高哉！』」（351頁）卷十二《鮑勳傳》裴注引《魏書》：「（鮑）信言於太祖曰：『……且可規大河之南，以待其變。』太祖善之。」（284頁）卷七《臧洪傳》：「洪答曰：『隔闊相思，發於寤寐。幸相去步武之間耳，而以趣捨異規，不得相見，其為愴恨，可為心哉！』」（233頁）又：「是以獲罪主人，見攻踰時，而足下更引此義以為吾規，無乃辭同趨異，非君子所為休戚者哉！」（234頁）此數例「規」字雖與「謀」義仍有一定聯繫，但已難於完全切合。「所規不同」、「趨捨異規」義即所向不同、趨捨異向，「可規大河之南」義即可趨向大河之南。「規」字作「趨向」義，唐宋亦多可見，如《變文集·燕子賦》：「取高頭之規，壘泥作窟。」「規」字江藍生先生《敦煌寫本〈燕子賦〉校注（之一）》讀為「居」之同音借字，實恐未確，若已知「規」有「向」義，則渙然冰釋矣。

輩 等

代詞，同類、同伴。此雖常義，但通常皆綴於其他指代詞、形容詞之後，如「我輩」、「爾等」、「同曹」等即是，極少單用。其單用之例，如《三國志》卷一《武帝紀》裴注引《魏略》：「王忠，扶風人，少為亭長。三輔亂，忠飢乏啖人，隨輩南向武關。值婁子伯為荊州遣迎北方客人；忠不欲去，因率等忤逆擊之，奪其兵，聚眾千餘人以歸公。」（18頁）文中「隨輩南向武關」義即隨著同伴向南去武關，「率等忤逆擊之」義即率領同伴邀擊之。又卷十五《張既傳》裴注引《魏略》：「及恪從合肥還，吳果殺之。大將軍聞恪死，謂眾人曰：『諸葛恪

多輩耳！」（478頁）「多輩」，義為「高於同類者」，「輩」亦「同類」、「同伴」。又卷四七《吳主傳》裴注引《吳書》：「時（張）群病疽創著膝，不及輩旅，（杜）德常扶接與俱，崎嶇山谷。」（1139頁）「不及輩旅」義即「跟不上同伴的隊伍」。又卷四七《吳主傳》裴注引《魏略》所載魏三公奏曰：「先帝知（孫）權奸以求用，時以于禁敗於水災，等當討羽，因以委（孫）權。」（1126頁）此處「羽」指關羽，「等當討羽」義即同伴將征討關羽。

老子　大老子

第一人身代詞，今杭州方言自稱「老子」，無論老少男女皆可，有時有自大輕慢義，但大多時則不明顯。此義當源於古代之俗語詞。陸游《老學庵筆記》卷一：「予在南鄭，見西陲俚俗，謂父曰老子，雖年十七八，有子，亦稱老子。乃悟西人所謂大范老子（雍），小范老子（仲雍），蓋尊之以為父也。」此稱「老子」不必年老之例，然猶非自稱。辛棄疾《沁園春・將止酒，戒酒杯使勿近》詞：杯汝來前，老子今朝，點檢形骸！」此乃自稱例，可見杭州早在宋代已流行此稱。進而考之，此稱當可追溯至魏晉南北朝。如《三國志》卷九《曹爽傳》裴注引《魏略》曰：桓范字元則，……范乃曰：『老子今茲坐卿兄弟族矣！』（曹）爽等既免，帝還宮，遂令范隨從。……乃收范於闕下。」此即自稱「老子」，並非老頭兒之意。又有進而自稱「大老子」者，如《搜神記》卷五：散騎侍朗王祐，……祐曰：『卿許活吾，卒當恩否？』答曰：『大老子業已許卿，當復相欺耶！』」（汪紹楹校注本，63頁）即其例。

旁臥放氣

側身做氣功，休息。隋初侯白《啟顏錄》：「陳朝又嘗令人聘陳，隋不知其人機辯深淺，乃密令侯白改變形貌，著故敝衣裳，詐為賤人供承。客使謂是貧賤，心甚輕之，乃旁臥放氣，與之言語。白心甚不平，未有方便。使人臥問侯白曰：『汝國馬價貴賤？』侯白即報云：『馬有數等，貴賤不同：若足伎兩，有筋　，好形容，直三十貫已上；若形容不惡，堪得乘騎者，直二十貫已上；若形容粗壯，雖無伎兩，堪馱物，直四五貫已上；若弊尾燋蹄，絕無伎兩，旁臥放氣，一錢不直。』於是使者大驚，問其名姓，知是侯白，方始慚謝。」文中「旁臥放氣」一詞，《歷代笑話選注》注為「放屁」，恐非是。隋巢元方《諸病源候論》卷一引《養生方導引法》：「手前後遞互拓，極勢三七，手掌向下，頭低面心，氣向下至湧泉倉門，却努，一時取勢，散氣放縱。」又卷四引上書：「立，兩手搦腰遍，使身正，放縱氣下使得所。」又卷十五引上書：「左臥，口內氣，鼻出之，除心不便也。」「散氣放縱」、「放縱氣下」即「放氣」，指氣功的運氣；「左臥」（該書中又有「側臥」、「偃臥」等）即「旁臥」。故「旁臥放氣」本指行氣練功，轉而亦可指消閒休息。[7]

掇空指地

並列式詞語，指用手點點天上、指指地下，有狂妄自大或精神錯亂之意。隋巢元方撰《諸病源候論》卷一「中風候」條：「肺中風，偃臥而胸滿短氣，冒悶汗出，……不可復治。其人當妄掇空指地，或自

7　見王利器先生輯錄本《歷代笑話集》所錄，下引《百川學海》本《啟顏錄》亦見王輯本。王書上海古籍出版社 1981 年出版。

拈衣尋縫，如此數日而死。」「掇」字南京中醫學院集體註釋本註：「拾取。」此蓋囿於常義，不知「掇」亦俗語詞也。「掇」有「刺掇」、「指點」之意，如《世說新語·排調》：范啟與郗嘉賓書曰：『子敬舉體無（征按：「無」字疑衍）饒縱掇皮無餘潤。』」「舉體」即「全身」，「饒縱」即「即使」（同義連文），「餘潤」即「膏腴」（皮下脂肪）。此句蓋謂：子敬這個人全身即使刺透他的皮膚也沒有什麼肥軟的部位。「掇」即應作「刺掇」解。又同書《賞譽》：「謝公稱藍田掇皮皆真。」「掇皮皆真」同「掇皮無餘潤」。此義後代流傳甚廣，如唐代的王梵志詩：「獄卒把刀掇，牛頭鐵杈叉。」《大目乾連冥間救母變文》有「此獄東西數百里，罪人亂走肩相棳」句，「棳」同「掇」，「肩相掇」意指肩頭相碰觸。又「掇」字今吳方言尚普遍存在。

「掇空指地」其實來源於佛典。《太子成道經一卷》：「是時夫人誕生太子已了，無人扶接。其此太子東西南北，各行七步，蓮花捧足。一手指天，一手指地，口云天上天下，唯我獨尊。」（《變文集》289頁）「一手指天，一手指地」即「掇空指地」也。「掇」字本為「拾起」之意，今又有「刺去」之意，意向相反，故實亦反訓詞。

隱

動詞，知也。如《三國志》卷七《呂布傳》裴注引《英雄記》：「布不知反者為誰，直牽婦，科頭袒衣，相將從閤上排壁出，詣都督高順營，直排順門入。順問：『將軍有所隱不？』布言：『河內兒聲。』順言：『此郝萌也。』」（224頁）「有所隱不」意即「有所知否」。《捉季布傳文》：「自隱時多藏在宅，骨寒毛豎失精神。」（《變文集》58頁）又：「自知罪濃憂鼎鑊，怕投戎狄越江津。」（68頁）「自隱」意即「自知」，後例「自知」丁卷（P.3197）、庚卷（5439）皆作「自隱」可證。

蔣禮鴻先生《敦煌變文字義通釋》對此詞有詳考，釋「隱」為「思量、揣測」。按蔣書綜博古今，信而有徵，釋「隱」為「思量」是對的。然而「思量」與「知」二義有聯繫，某些例子釋為「思量」則稍嫌迂曲，不如直接釋為「知」為明瞭。如蔣書所引《燕子賦》「雀兒自隱欺負，面孔終是攢沅」，《遊仙窟》「五嫂自隱心偏，兒復何曾眼引」、《最妙初教經》「爾時破戒比丘自隱犯罪，心生慚愧，轉加苦行」等例，「隱」皆可直接釋為「知」。

不易可　不易

　　副詞，義為「不可」、「不能」。如《全隋文》卷三文帝《賜賀婁子幹手書》：「逆賊尉迥，敢遣蟻眾，作寇懷州。公受命誅討，應機蕩滌，聞以嗟贊，不易可言。」（4033 頁）「不易可言」意即「不可言」、「無法形容」，「易可」二字同義連文。「易」有「可」義，如蘇聯所藏敦煌卷子Ф252《維摩詰經講經文》[8]：菩薩尚皆辭退，善德不易枝梧。……伏乞聖主哀憐，我今不敢詣彼。」「不易枝梧」意即「不可枝梧」，而非「不容易枝梧」。同上例接寫韻文曰：「善德當聞差選字，告訴牟尼稱『不易』。」「不易」即「不可」。又同篇下文：「於是維摩大士入於善德會中，曰（原誤作「易」）：『長者七日無遮，實即論情不易。施却多少金玉，俵却多少綾羅；如斯捨與眾人，實即論情不易。……實即論情不易。」此處維摩詰並非稱讚善德施捨眾人之不容易、難能可貴，而是相反，批評他不該如此，故下文維摩詰語善德曰：「夫三生種福，富貴為末後之難。汝今如此施為，長者行持錯也。善德，善德！

8　錄文見周紹良、白化文所編《敦煌變文論文錄》之附錄。此書上海古籍出版社 1982 年出版。

莫將浮賄施為，非是菩薩行藏，此是俗門作底。」「易」作「可」解，徐仁甫《廣釋詞》已言及，如引沈約《梁甫吟》：「奔驅豈易任，珠庭不可臨。」然皆互文例，文義顯明，不似變文中「不易」例之迷離惝恍。

扒

動詞，本指兩手分擘，引申為手、　、頭、身子等向兩邊或一邊扭轉。《諸病源候論》卷三引《養生方導引法》：「兩足跟相對，坐上，兩足指向外扒，兩膝頭拄席，兩向外扒使急。」又云：「跪一足，坐上，兩手髀內卷，足努踹向下，身外扒。」又云：「頭須左右仰扒，去背急臂勞。」「扒」之此義，與今北方口語同，而一般辭書皆乏古例。《廣雅・釋言》：「扒，擘也。」王念孫疏證：「擘，分也。扒之言別也。《説文》：『八，別也。』義與扒亦相近。」按「扒」應即「八」之後起字，加「扌」旁表示動作。

生腰

挺直身軀。隋巢元方《諸病源候論》卷一引《養生方導引法》：「偃臥，合兩膝頭，翻兩足，生腰坐，口內氣，脹腹，自極七息。」又云：「踞坐生腰，以兩手引兩踵，以鼻納氣，自極七息，布兩膝頭。」又云：「踞，伸右　，兩手抱左膝頭，生腰，以鼻納氣，自極七息。」例多不備舉。此「生腰」當即挺腰之意，同卷又引《養生方》有「左右手夾據地以仰，引腰五息止」句，「引腰」、「生腰」義同。

宛轉

動詞，劇烈翻動。此與常義「委婉曲屈」構成反訓。如《北齊書》

卷十二《武成十二王》：「后主即夜索蠍一斗，比曉得三二升，置諸浴斛，使人裸臥斛中，號叫宛轉。帝與綽臨觀，喜噱不已，謂綽曰：『如此樂事，何不早馳驛奏聞。』」（160頁）「號叫宛轉」意即一邊號叫，一邊翻滾，而決非指號叫的聲音很委婉。又稗海本《搜神記》卷三：「昔隋侯因使入齊，路行深水沙邊，見一小蛇，可長三尺，於熱沙中宛轉，頭上血出。」[9] 又白居易《長恨歌》：六軍不發無奈何，宛轉娥眉馬前死。花鈿委地無人收，翠翹金雀玉搔頭。君王掩面救不得，回看血淚相和流。」「宛轉」在此易誤解為「委婉」、「柔美」之意，其實此詞乃「蛾眉宛轉馬前死」之倒裝句，「宛轉」應作「劇烈翻動」解，狀寫楊貴妃被尺組勒死時竭力掙扎之慘象。這在陳鴻《長恨歌傳》有旁證：「上知不免，而不忍見其死，反袂掩面，使牽之而去。蒼黃展轉，竟就絕於尺組之下。」此處用「展轉」一詞，翻動義較「宛轉」更為顯著。

袖　袖拔

　　動詞，義為「抽」、「拔」。《三國志》卷二《文帝紀》裴注引鄄城侯植為誄曰：「悲夫大行，忽焉光滅，永棄萬國，雲往雨絕。承問荒忽，惛懵哽咽，袖鋒抽刃，嘆自僵斃，追慕三良，甘心同穴。」（86頁）此處「袖」與「抽」互文，即當為「抽」、「拔」之意。又《搜神後記》卷八：「新野趙貞家，園中種蔥，未經袖拔。忽一日，盡縮入地。後經歲餘，貞之兄弟相次分散。」（汪紹楹校注本55頁）江藍生《魏晉南北朝小說詞語彙釋》收此例，謂「袖拔」當即「秀拔」，指植物抽穗開花。按：「袖」字不煩校改，「袖拔」為同義連文，在此指用手拔起來。本例所述為一神怪之事，即蔥未經拔取便鑽入地下消失了，以此作為

9　見汪紹楹先生校注本《搜神後記》所輯。汪書中華書局1981年出版。

趙貞兄弟不久將亡之兆。

殺地

齋戒賽神的場地。《齊民要術》第六四「作三斛麥麴法」：「七月取中寅日，使童子著青衣，日未出時，面向殺地，汲水二十斛。勿令人潑水，水長亦可瀉却，莫令人用。其和麴之時，面向殺地和之，令使絕強。團麴之人，皆是童子小兒，亦面向殺地，有污穢者不使。」繆啟愉先生註：「殺地，迷信說法的方位名稱。」按「殺地」指齋戒賽神之地，下文有《祝麴文》云：「酒、脯之薦，以相祈請。願垂神力，勤鑑所領。」即說明是在賽神。P.2718 王梵志詩：六時常禮懺，日暮廣燒香。十齋莫使闕，有力殺三長。」「殺三長」之「殺」費解，蓋亦齋戒之意。《法苑珠林》卷一〇八引《灌頂經》云：我從今日，改往修來，奉受三歸，及五戒法，持月六齋，奉三長齋。」「三長齋」指歲首、月初、日之早晨的齋戒，則「殺三長」乃齋戒於三長之時的意思。考「殺」字當即「塞」、「賽」之音近字，《史記・封禪書》「冬塞禱祠」司馬貞註：「（塞）與賽同。賽，今報神福也。」《論衡・辨祟》：項羽攻襄安，襄安無噍類，未必不禱賽也。」蓋古於齋戒酬神之義先無定字，據音或作「塞」，或作「賽」，又或作「殺」也。

（原載《杭州大學學報》1990 年第 3 期）

魏晉南北朝俗語詞輯釋

　　魏晉南北朝時期產生了許多「字面普通而義別」的俗語詞，它們以其鮮明的口語性而成為該時期詞彙發展的重要標誌。因而考釋這些俗語詞，不僅對讀懂該時期的文獻有所裨益，而且對漢語詞彙史的深入研究具有不可低估的意義。由於這些俗語詞的意義既罕見於先秦，又或泯於後代，頗不易於覺察；加之文獻浩瀚，綜括非易，即為學者留意亦不免各執一端、顧此失彼。故筆者不揣淺陋，輯釋數詞，或補前賢未備，或正辭書所失，以就正於方家。

智量　智度

　　二詞皆為「智慧」義。南朝梁代僧旻、寶唱等所編《經律異相》卷十四《舍利佛從生及出家得道》：「舍利佛八歲之身，觀察時人，神情矚向，無勝己者，便昇論座，結跏趺坐。眾人疑怪，或謂愚小無知，或為智量過人。雖復嘉其神異，猶懷矜恥；以其年小，不自與語，皆遣年少弟子傳言問之。答酬流便，辭理超絕。」(《出曜經》)「智

量過人」義即智慧過人。「智量」在唐五代亦沿用，如敦煌寫本 S.4428
《印沙文》「知量超群，行名絕代。」S.5573《印沙佛文》：智量紹（超）
郡（群），行明（名）絕大（代）。」「知量」同「智量」，「知」為「智」
之古字。又 P.3716《晏子賦》：梁王曰：『齊國無人，遣卿來也？』晏
子對曰：『齊國大臣七十二相，並是聰明智慧，故使向智量之國去；臣
最無志（智），遣使無志（智）國來也。』」此例「智量」P.2564 作「智
梁」，P.3460 作「志量」，皆雜借音字。「智量」與上句「智慧」同義詞
互用，其義甚明。《辭源》有「智量」條，釋為「計策」，引《元曲選》
王曄《桃花女》三：「老夫周公，昨日使了個智量，着彭祖拿那紅酒
去，謝了任二公，隨後著媒婆去説親。」按此例「智量」作「計策」
講，乃是「智慧」義之引申，《辭源》（其他辭書略同）蓋未得其本源
也。又龍潛庵先生所編《宋元語言詞典》亦收「智量」一詞，釋為「智
謀，計策」，然所引《歸潛志》卷十二之例「或以道德顯，或以節行
聞，或以智量稱，或以風義著」，「智量」實即智慧義。與「智量」義
同者又有「智度」，亦不見於《辭源》等，茲舉晉干寶《搜神記》卷十
八之例：「張華字茂先，晉惠帝時為司空。於時燕昭王墓前有一斑狐，
積年能為變幻。乃變作一書生，欲詣張公。過問墓前華表曰：『以我才
貌，可得見張司空否？』華表曰：『子之妙解，無為不可。但張公智
度，恐難籠絡，出必遇辱，殆不得返。非但喪子千歲之質，亦當深誤
老表。』」推論「智量」、「智度」二詞，其本初當是「智慧」與「度量」
的並列式詞語，但由於實際使用中逐漸偏重於「智」義，遂由近義連
文而演變為偏義複詞了。

俟

　　向，向某物作動作。《出曜經》卷十六《忿怒品》：「時長生太子

即**拔**利劍，俟王勁項。」又：「我向安眠，夢見長壽王兒長生右執劍，左捽吾髻，以刀俟我項。」《中古漢語語詞例釋》[1] 收此條及二例，釋為「對準」而未言其理。按：慧琳《一切經音義》卷七四「擬我」條：「《論文》作『俟』，非之也。」此謂「擬」別本作「俟」是錯的。其實「俟」乃「似」之同音借字，與「擬」為同義詞，故可互代。「似」有「向」義，唐宋時期口語中頗多（如變文《唐太宗入冥記》），但魏晉時期並不多見。「俟」也可能是「擬」的形近誤字。

拓（托）

「拓」有以手掌承接、推住和支撐物品的意思，字亦作「托」。《廣韻》：「拓，手承物也。」《集韻》：「拓，手推物。或作托。」「拓（托）」字現代漢語一般只表示用手掌承接物品的意思，但在魏晉南北朝時却可指用手掌向任何方向推拓，或承物或不承物。如隋代巢元方《諸病源候論》卷二引前人所著《養生方導引法》：「一手拓頤，向上極勢。」此是手掌向上托物。卷四引上書：「兩手反向拓席，一足跪坐上，一足屈如（而）仰面。」卷十二又引上書：「又跌（迭）兩手，反向拓席，漸漸向後努齊（臍）腹。」此是手掌向下拓（支撐）物。卷二二引上書：「一手向前，長努拓勢。」又卷一引上書：「手前後遞互拓，極勢三七。」此是手掌向前、向後托，並且不托住物品。卷二二引上書：「雙手反向拓腰，仰頭向後急努。」又：「兩手掌倒拓兩膊，並前極勢。」此是手掌向內托物。此外尚有「拓胸」、「拓肘」等詞語，「拓」字義同。

1　王雲路、方一新著，吉林教育出版社 1992 年出版。

撩 聊 料 略

「撩」有「攪動」、「撥弄」、「舐舐」之義，如《漢語大字典》引明代朱右的《櫻寧生傳》：「以物撩咽中，須臾，大吐異色頑痰如膠飴者三四升。」但此類用例早已有之，如《諸病源候論》卷三引《養生方導引法》：「東向坐，仰頭不息五通，以舌撩口中，漱滿二七，咽，治口苦乾燥。」字亦作「聊」如上書卷二引《養生方導引法》：雞鳴時，叩齒三十六通訖，舐唇漱口，舌聊上齒表，咽之三過，殺蟲補虛勞，令人強壯。」字亦作「料」如《道藏・養性延命錄》：「含而漱滿，舌料唇齒。」字亦作「略」如《諸病源候論》卷一引《養生方導引法》：「專意念氣，徐徐漱醴泉者，以舌舐略唇口牙齒，然後咽唾，徐徐以口吐氣，鼻引氣入喉。」敦煌寫本 P.3724 王梵志詩：旁邊乾咽唾，恰似守碓狗。舂人收糠將，舐略空唇口。」「舐略」為同義連文，「略」（亦寫作「掠」），與「撩」、「聊」音義同，但以字義而言則應是先有「略（掠）」，後有「撩」，最後借音為「聊」。「略」、「聊」可通，如《魏書》卷十九《濟陰王列傳》：「賊至，喜而競飲，聊無所備。」同上《任城王列傳》：「（元）又謂順曰：『卿何謂聊不見我？』」「聊」皆為「略」之借音字，「聊無所備」、「聊不見我」意即略無所備、略不見我。

大段

「大段」有「大塊兒」、「主要部分」的意思，如《齊民要術》卷六《養羊》：初煎乳時，上有皮膜，以手隨即掠取，著別器中；瀉熟乳著盆中，未濾之前，乳皮凝厚，亦悉掠取；明日酪成，若有黃皮，亦悉掠取；並著甕中，以物痛熟研良久，下湯又研，亦下冷水，純是好酥。接取，作團，與大段同煎矣。」這最後三句是說撈取羊脂搓成團而與先前撈出的數量大的部分混在一起煎熬，「大段」即指數量多的部

分。《水經注》卷一引郭義恭《廣志》曰：「甘水也，在西域之東，名曰新陶水，山在天竺國西，水甘，故曰甘水。有石鹽，白如水精，大段則破而用之。」明朱謀㙔謂「大段」當作「火煆」蓋不知有「大段」一詞而臆校也。此言「大段則破而用之」，即謂大塊兒的石鹽就敲破來食用。「大段」一詞在魏晉南北朝時似皆作為名詞，但唐宋以後則漸而轉為形容詞、副詞，義為「大量」、「全部」、「幾乎」、「完全」，已有較大差別。

助

業師蔣禮鴻先生在《敦煌變文字義通釋》中考明「助」有「賀喜；問候」義，略云：「……從上面的引文看，可見賀喜叫做『助』，六朝唐宋間都有這個說法；改作『祝』，是不對的。問候和賀喜都是因對方平安和有喜慶的事而自己也同樣有喜慰之情，所以叫做『助』。引例除「助喜」、「助……喜」等詞句外，尚有《史記》「助……哀」、《舊唐書》「助……號慕」等詞句。周一良先生在《「賜無畏」及其他——讀〈敦煌變文集〉札記》[2]一文中云：「蔣書『助』字條解釋為賀喜。問候，似不全面。實際上書中下文引用韓愈所作《輓歌詞》及《舊唐書》等，已有助哀字樣。助字可以用於喜慶事，也可用於哀傷事，表示同情或分享對方的悲哀或歡樂，是紅白喜事都可應用的。」按：二家對「助」的用法和所在句子表達的意義都很精審，但釋義似略迂曲。竊以為「助」字宜可逕釋為「同」，如敦煌寫本 P.2569，P.3552 二卷《兒郎偉》第一首：「聖人非常歡喜，不及降節西邊。大將同歡助慶，愁甚不遇豐

2　文載《1983 年全國敦煌學術討論會文集》（文史遺書編下），甘肅人民出版社 1987 年出版。

年！」「同歡助慶」即同歡同慶，「同」與「助」互文，可證「助」字義同「同」。《通釋》所引韓愈《大行皇太后輓歌詞》「雲隨仙馭遠，山助聖情哀」句，「助」與「隨」互文，則「助」亦「隨」、「同」之義；引蘇軾《生獲鬼章文武百寮稱賀宣答詞》「靖寇寵頒，與卿等同喜」句，業師云「同喜」與「助喜」也可互相參證，則師意亦實以「助」為「同」義也。除了「助喜」、「助哀」外，南朝江淹《敕為朝賢答劉休範書》有「助寒心」語：「聞彼蟲飲鼠舞之異，早見物徵；河北隴上之謠，已露童詠。所謂妖由人作，孽不可逃。然桓侯之患，良助寒心。」北朝《魏書》卷五八《楊播列傳》有「助其憂怖」語：「以椿家世顯重，恐失人望，未及加罪。時人助其憂怖，或有勸椿攜家避禍。」（1288 頁）「助」字義皆為「共」。「助」的這種意義，當是從「添助」義虛化而來的。古俗遇有喜慶及祭祀、喪葬之事，親舊、近鄰及僚屬等要來添助喜哀氣氛和以資財相助，如《魏書》卷九二《列女列傳》：「俄而溥卒。及大斂，房氏操刀割左耳，投之棺中，仍曰：『鬼神有知，相期泉壤。』流血滂然，助喪者咸皆哀懼。」（1979 頁）又同書卷一《序紀》：「三十九年，遷於定襄之盛樂。夏四月，祭天，諸部君長皆來助祭。」「助喪」、「助祭」之「助」都仍然還有著「添助」義，但又與「共」義相近了。

諮受　諮稟

「諮受」義為稟受、聽取。如西晉竺法護譯《佛說文殊悔過經》：「所作過罪，見眡諸佛。聞所說法，不肯諮受。」晉葛洪《抱朴子內篇・塞難》：或曰：『仲尼親見老氏而不從學道，何也？」抱朴子曰：『以此觀之，益明所稟有自然之命，所尚有不易之性也。仲尼知老氏玄妙貴異，而不能挹酌清虛，本源大宗，出乎無形之外，入乎至道之

內，其所諮受，止於民間之事而已，安能請求仙法耶？」「諮受」是從「諮問啟受」縮略而來，上引《佛說文殊悔過經》云：「學大乘者，由從已行諮問啟受六度無極、四等四恩、善權方便、無極大道。」即有其語。又有「諮稟」一詞，義同。如《魏書》卷六〇《韓麒麟列傳》：「於是，吏部諮稟劉騰，奏其弟官，郡戍兼補。」（1335頁）

諮講

「諮講」義為「宣說」、「陳述」，如西晉竺法護譯《佛說文殊師利淨律經》：「時有天子名曰寂順律音在於會坐，即從坐起，更整衣服，長跪叉手，白世尊曰：『文殊師利今為所在一切諸會四部之眾、龍天鬼神、釋梵四王皆共渴仰，欲睹正士，諮講妙辭，聽受經議。』」又：「文殊師利，欲得奉觀，諮講經法，悉俱白佛：……」「諮講」中「諮」字有「啟白」、「陳說」義，故「諮講」為同義連文。如《佛說文殊悔過經》：「習在顛倒，無勇猛志，依倚形色，抱怯弱心，不能諮啟文殊師利。」「諮啟」即啟白，亦為同義連文。詳參拙作《魏晉南北朝俗語詞考釋》[3]。

住

「住」有「信受」、「信仰」義，如西晉竺法護譯《佛說文殊師利悔過經》：「文殊師利曰：『當復悔過，言我身前，計有吾我，言是我所，所見顛倒，住於貪淫心者，無本而想有，心不能明了，心如幻化也。」又：「不解三昧，住顛倒見。」「無所住法，而住諸法。」「如佛所教一切諸法，則無根原，亦無所住。」「住顛倒見」意即信受顛倒

3　見《杭州大學學報》1990年第3期。

見，「住法」意即信仰佛法。「住」字的這種用法亦見於唐代，如敦煌變文 P.2653《燕子賦》：鳳凰住佛法，不擬殺傷人。」「住佛法」意即信仰佛法，或校「住」為「助」，蓋不知「住」有信仰義也。「住」的這種意義是從「停住」、「居留」義引申而來的。

關諮

　　「關諮」義為「稟告」，如《魏書》卷九六《司馬叡列傳》：「（王）敦自為丞相，武昌郡公，邑萬戶，朝事大小皆關諮之。」（2095 頁）「關」與「諮」皆有「告」義，如《魏書》卷三五《崔浩列傳》：「朝庭禮儀、優文策詔、軍國書記，盡關於浩。」（812 頁）又同篇：「乃敕諸尚書曰：『凡軍國大計，卿等所不能決，皆先諮浩，然後施行。」（819 頁）兩處文意相近，而分別用「關」與「諮」，故可知「關諮」為同義連文。

（原載《杭州大學學報》1994 年第 3 期）

釋「接」

　　「接」字通常為「承接」等義，但魏晉南北朝以至唐宋時期則多可反訓為「撮」、「掠」、「扶」、「攜」、「捉」等義，不是被動受事，而是主動施事。如《三國志》卷一《武帝紀》裴注引孫盛《異同雜語》：「博覽群書，特好兵法，抄集諸家兵法，名曰《接要》。」卷十九《陳王傳》引曹植疏：「願得策馬執鞭，首當塵路，撮風后之奇，接孫、吳之要。」《廣弘明集》卷五曹植《辨道論》：「誠恐斯人之徒接奸詭以欺眾，行妖慝以惑人。」《魏書·釋老志》：「皆是前世漢人無賴子弟劉元真、呂伯強之徒，接乞胡之誕言，用老、莊之虛假，附而益之，皆非真實。《周一良先生引上列諸例云：「『接要』即撮其精華之義。」」又云：『接』亦猶『撮』也。《並引《廣雅·釋詁》「撮、接，持也」為證。按：周說甚是，然猶有可補。蓋「接」除「擷」、「撮」義外，尚有同類而不能以此釋者。如《齊民要術·種紅藍花、梔子》：「接取白汁，

1　週一良：《〈三國志〉札記》，載於《文史》第 9 輯，又收入中華書局 1985 年出版的《魏晉南北朝史札記》。

絹袋濾，著別甕中。《繆啟愉先生註：「接取，在上面舀，不是上傾下接，下文『以杓徐徐接去清』可證。」[2] 繆説甚是。又同書《脯臘》：「白湯熟煮，接去浮沫。」蔡鏡浩先生云：「明抄本、湖湘本改『接』作『掠』，誤。『接』字該書中屢見。」[3] 按：「接」或作「掠」，乃同義詞互代，詞義不誤，字亦未必後人妄改。同篇上文有「熟者取汁，掠去浮沫」句，正用「掠」字而繆校本別無異文出校。繆先生在書的第416頁辨「漉」、「接」、「濾」之異同時云：「接，指挹出水液。由於所取的是上面的水液，因此也稱撈取上浮的物體為『接』。在這種情況下，相當於『掠』，有時也相當於現在口語的『撇』，例如本卷《脯臘》篇就『接』、『掠』互用。」所言極是。然仍有可補，「接」字尚有別義。如《三國志》卷十一《張琇傳》裴注引《傅子》：「武陽年小，有母，（焦）先與相扶接，避白波，東客揚州娶婦。」又卷四七《吳主傳》裴注引《吳書》：「時（張）群病疽創著膝，不及輩旅，（杜）德常扶接與俱，崎嶇山谷。」敦煌變文《太子成道經》：「是時夫人誕生太子已了，無人扶接，其此太子東西南北，各行七步。」「扶接」之「接」並非「承接」義，而是與「扶」同義連文，表示主動出手攙扶之意。又梁代僧旻、寶唱所編《經律異相》卷七《難陀出家》：「佛言：『夫人學道，心著貪欲，不顧後世燒身之禍。我今將汝上天遊觀，宜自專心，勿懷恐怖。』佛接昇天，見一宮殿，……」此處「接」與「將」同義並用，為

2　繆啟愉：《齊民要術校釋》，農業出版社 1982 年版，下引繆説皆出此。繆書校釋甚精，於魏晉南北朝俗語詞之考釋尤多發明。

3　蔡鏡浩：《魏晉南北朝詞語例釋》，江蘇古籍出版社 1990 年版。此書博采周書、繆書及張相、蔣禮鴻、郭在貽、吳金華等學者論著之精華，並附以個人考釋成果，是目前魏晉南北朝俗語詞收録面最廣之書。

「攜」義。[4] 又曹植《白馬篇》：「仰手接飛猱，俯身散馬蹄。」李白《白馬篇》：「弓摧南山虎，手接太行猱。」《漢語大字典》引此二例釋為「對，衝」，又引李善《文選》曹詩註：「凡物飛迎前射之曰接。」按：李善增字為釋，未確，詩中只言「手接」，是指徒手提取；《漢語大字典》則是誤將行為動詞判作介詞了。古樂府《蛺蝶行》：「蛺蝶之遨遊東園，奈何卒逢三月養子燕，接我苢蓿間。」杜甫《絕句漫興》：「銜泥點污琴書內，更接飛蟲打著人。」敦煌本《燕子賦》（二）：水上吞浮蜓（蠓），空裏接飛蟲。」《道藏》所收《圖經衍義本草》卷三三：「蝦蟆：能跳接百蟲食之，時作呷呷聲。」此數例「接」皆捉食義，或以喙，或以舌，與手捉者微異。敦煌本《大目乾連冥間救母變文并圖》：「五道將軍性令（靈）惡，金甲明晶、劍光交錯，左右百萬餘人，總是接飛手　。」「接飛手　」即用劍、棒之類撩打手　，「接」義為「撩」、「掠」，與「飛」同義連文。要之，具有反訓義的「接」字在不同的語境中可有多種動作意義，須隨文而釋，各家所考及本文所補遠未周備。但此一動詞的動作特點——主動施事，則是確固無疑的，可據以執簡馭繁。

4　「接」字可與「攜」同義連文，如敦煌本 P2718 王梵志詩：『立身存篤信，景行勝將金。在處入攜接，諳知無負心。」可證「接」有「攜」義。

《搜神記》釋詞

　　《搜神記》有晉干寶所撰二十卷本，有《稗海》八卷本和敦煌遺書句道興本，這裏只考釋干寶所撰二十卷本中的若干語詞。二十卷本雖然有可能混入一些後人文字，但仍然可以明顯使人感覺到魏晉時期的語言特色，因此考釋其中的一些語詞實際上就是研究魏晉時期的詞彙，這對科學意義上的漢語詞彙史的研究有其重要意義。

　　本文所據的汪紹楹先生校注本，中華書局 1980 年出版。文中所引原文下皆標明此校注本頁碼，以便讀者覆核。

續

　　「續」字通常作動詞用，義為「連接、連屬」或「繼承、繼世」（見《辭源》、《辭海》，所釋略同）。然而，「續」字還有一種副詞用法，表示復發事件，意義相當於「復」、「又」、「重新」等。《搜神記》卷一：「漢陰生者，長安渭橋下乞小兒也。常在市中匄。市中厭苦，以糞灑之。旋復在市中乞，衣不見污如故。長吏知之，械收繫，著桎梏，而

續在市乞。又械欲殺之，乃去。」（8頁）這裏「續」字處在動詞「在」之前作限定詞，而「續在市乞」與本文「復在市中乞」、下文「又械欲殺之」中的「復」、「又」同表示事件的復發，因此可以勘知「續」即「復」、「又」之意。當然，如果將此「續」字釋為「繼續」似乎亦無不可，但「繼續」通常用以說明動作的不間斷性，因此並不確切。如《稗海》本《搜神記》卷二：「王子珍，太原人也。……行至定州界內，去州三百餘裏，於路旁樹陰憩歇。續有一鬼，化為生人，後來，同與子珍憩歇。」這裏「續有一鬼」即「復有一鬼」，若解為「繼續有一鬼」便不順適（可能為「繼」，但那仍是「復」的意思）。又如晉竺法護譯《佛說生經・舅甥經》（敦煌遺書有 P.2965 陳寫本殘卷）：「王心念言：『續是盜魁，前後狡滑，即遣使者，欲迎吾女。』」這裏「續是盜魁」即「又是這個盜魁」之意，「續」字亦不宜釋為「繼續」又《搜神記》卷六：「建安初，……是時華容有女子，忽啼呼曰：『將有大喪。』……月餘，忽於獄中哭曰：『劉荊州今日死。』……續又歌吟曰：『不意李立為貴人。』」這裏「續又」連文，「續」亦「又」也，而前文「月餘」云云則表明幾件事的發生是有一定時間間隔的。

生　生鮮

「生」有「新鮮」義。如《搜神記》卷一：「葛玄字季先，……乃嗽口中飯，盡變大蜂數百，皆集客身，亦不螫人。……又指蝦蟆及諸行蟲燕雀之屬使舞，應節如人。冬為客設生瓜棗，夏致冰雪。」（12頁）這裏「冬為客設生瓜棗」是說冬天拿出新鮮瓜、棗來招待客人，「生瓜棗」絕非未長熟的瓜、棗。《辭源》於「生」字下有「生瓜」條，注曰：「瓜名。《吳越春秋・夫差內傳》：『王行有頃，因得生瓜已熟，吳王掇而食之。』」（2096頁）其實這裏的「生瓜」未必是瓜名，很可能就是

指新瓜、初熟之瓜,「生」字仍有「新鮮」之意。又《搜神記》卷一:
「左慈字元放,……因求銅盤,貯水,以竹竿餌釣於盤中。……須臾引
出,皆三尺餘,生鮮可愛。公便自前膾之,周賜座席。」(9頁)這裏
「生鮮」為同義連文,即新鮮也。又卷十一:「王祥……母常欲生魚。」
「王延,性至孝。繼母卜氏,嘗盛冬思生魚,敕延求而不獲,杖之流
血。」(134頁)二例「生魚」似皆可解作「活魚」,但卷五有例曰:「嘗
思啖鯉,一雙鮮鯉隨心而至。」(60頁)由此「鮮鯉」可知「生魚」實
即鮮魚。《辭源》「生」字下雖無「新鮮」之義項,然其「生芻」條注
曰:新割的青草。《詩·小雅·白駒》:『生芻一束,其人如玉。』」(2097
頁)即以「新」釋「生」,蓋亦新鮮之意。由此例可見,「生」有「新鮮」
義,不自魏晉始,《詩經》已有其例。

鐵椎　鐵錐

　　「鐵椎」通常皆指鐵鎯頭,為鈍器;但《搜神記》卷三:「沛國華
佗,……乃以藥飲女,女即安臥,不知人。因取大刀,斷犬腹近後
之前。以所斷之處向瘡口,令二三寸停之。須臾,有若蛇者從瘡中
出,便以鐵椎橫貫蛇頭。」(41頁)考《後漢書》卷八二《方術列傳·
華佗傳》注引《佗別傳》亦有此段文字,惟「鐵椎」乃作「鐵錐」可
知此「鐵椎」即鐵錐子,為銳器。然鐵錐作為銳器,其形制大小頗有
不同。如《搜神記》卷十一:「嚴遵為揚州刺史,行部,聞道旁女子哭
聲哀。……乃攝女,令人守屍,云:『當有枉。』吏白:『有蠅聚頭所。』
遵令披視,得鐵椎貫頂。考問,以淫殺夫。」(144頁)這裏「鐵椎」
當是鐵鑿之類,需用鎯頭才能打進頭頂。考《搜神記》卷十六:吳興
施續,……鬼手中出一鐵鑿,可尺餘,安著都督頭,便舉椎打之。都
督云:『頭覺微痛。』向來轉劇,食頃便亡。」此即以鐵鑿貫頂殺人也。

又《酉陽雜俎》前集卷十《物異》：「中牟縣魏任城王臺下池中，有漢時鐵錐，長六尺，入地三尺，頭西南指，不可動。」（中華校點本 95 頁）此漢時的六尺鐵錐，蓋為鐵杵之類，是一種尖頭鐵棍。考《疏勒河流域出土漢簡》第 160 條「守禦器簿」：「短椎二　長斧四長椎四□□四　楯四。」（文物出版社 1984 年版，42 頁）疑《酉陽雜俎》所記漢時六尺鐵錐即漢簡中之「長椎」。

嘁

「嘁」通常為「啖」字異體，但亦多用作「喊」。如《搜神記》卷四：漢陽羨長劉圮，嘗言：『我死當為神』。一夕飲醉，無病而卒。風雨失其柩。夜聞荊山，有數千人嘁聲。」（55 頁）汪紹楹先生校記：「嘁聲——《風土記》作『喊聲』。當據改。」此蓋不明乎「嘁」即「喊」之別字也。如《敦煌變文集・捉季布傳文》[1]：「高聲直瞰呼：『劉季！公是徐州豐縣人。』……」（52 頁）此「嘁呼」即「喊呼」也。又同書《韓擒虎話本》：「衾虎有令：『披旗大嘁，旗亞齊人，若一人退後，斬殺諸將，莫言不道！言訖，披旗大嘁，一齊便入。」（202頁）兩處「披旗大嘁」皆即「簸旗大喊」。

擬

「擬」通常被用來作助動詞，義為「想要」、「打算」。但是「擬」也可作及物動詞，尤其是表示某一具體有方向性的動作，其意義相當於「～向」。如《搜神記》卷十一：「客曰：『此兒頭不爛，願王自往臨視之，是必爛也。』王即臨之。客以劍擬王，王頭隨墮湯中。客亦自擬

1　王重民等校錄：《敦煌變文集》，人民文學出版社 1987 年出版，1984 年重印。

己頭，頭復墮湯中。」（129 頁）這裏「以劍擬王」即用劍割向王的脖頸，「自擬己頭」即自己用劍割向自己的脖頸。又如《漢書》卷五四《蘇建傳》附蘇武：「復舉劍擬之，武不動。」此例《辭源》「擬」字下已引，釋為「比劃」，猶未甚確，當釋為「指向」。倘釋為「比劃」，在此例可通而在他例則未必可通，如上引《搜神記》例中，「以劍擬王」不是僅僅拿劍在王的脖子上比劃比劃，而是確確實實將頭割下來了。又如《敦煌變文集‧降魔變文》：手執寶杵，杵上火焰衝天。一擬邪山，登時粉碎。」（383 頁）又同頁：「手執杵火衝天，一擬邪山便粉碎。」這裏的「擬」也決非比劃比劃而已，否則不會有邪山粉碎的後果。由此可以看出，「擬」的動作有兩種情況，一種是已接觸目標，一種是將觸未觸。《劉子集校》[2] 卷一《專學》：「有鳴鴻過者，彎弧擬之，將發未發之間，問以三五，則不知也。」（30 頁）此例最足以說明後一種情況，又江藍生《魏晉南北朝小說詞語彙釋》[3] 有「擬」字條，釋曰：特指以刀、箭等武器對著目標比劃。」這個解釋較《辭源》雖有進步，但仍然是不確切的。「擬」的這種含義並不侷限於武器的動作，如《法顯傳》[4]：沙河中多有惡鬼、熱風，遇則皆死，無一全者。上無飛鳥，下無走獸。遍望極目，欲求度處，則莫知所擬，唯以死人枯骨為標識耳。」「莫知所擬」義即莫知指向何方、走向何方，「擬」的動作並非通過某種兵器而發出的。考《大唐西域記》卷十二「尼壤城」下：「從此東行，入大流沙。沙則流漫，聚散隨風，人行無跡，遂多迷路。四

2　林其錟、陳鳳金集校，上海古籍出版社 1985 年版。此書據考證為梁劉勰撰。

3　語文出版社 1988 年版。此書為第一部考釋魏晉南北朝小說詞語的專著，列目 330 多條，附論詞語 400 條，其中引《搜神記》、《搜神後記》等書最多。

4　東晉釋法顯口述、弟子筆錄而成，其中多當時的口語。此書有章巽先生《法顯傳校注》本，上海古籍出版社 1985 年出版。

遠茫茫，莫知所指，是以往來者聚遺骸以記之。」（季羨林等校注本1031頁）同一內容，同一句子，「擬」被代換為「指」，此足以證明二字義同，皆表示指向某個目標。又如《敦煌變文集・韓擒虎話本》：若逢引龍出水陣，須排五虎擬山陣。」（202頁）所謂「五虎擬山」，即五虎撲向山頭之意，亦不寫武器。這兩例因不寫武器，因此更談不上「比劃」之意了。又如江書引《高僧傳・宋求那跋摩》例：王自領兵擬之，旗鼓始交，賊便退散。」此「領兵擬之」即領兵攻向敵人之意，亦不及武器。又如《三國志・魏書・武帝紀第一》裴注引《魏書》曰：「又臨祭就洗，以手擬水而不盥。夫盥以潔為敬，未聞擬（向）「而」不盥之禮，且『祭神如神在』，故吾親受水而盥也。」（中華點校本47頁）這裏兩處「擬」字都是「伸向」之意，「以手擬水而不盥」即將手伸向水而不洗，「擬」不是武器的動作，也不知手是否接觸到水。後一「擬」字下原文是「向」，校點者改為「而」，未必是。蓋「擬」既有「向」義，「擬向」連文便不足為奇矣。

多少　少多

「多少」有「少量」、「輕微」之意，說見江藍生《魏晉南北朝小說詞語彙釋》，如《搜神記》卷四：「廬陵歐明，從賈客，道經彭澤湖。每以舟中所有，多少投湖中，云：『以為禮。』」（52頁）「多少」又有「不在乎多少」、「去留」、「優劣」等義，詳錢鍾書《管錐編》第四冊1215頁。又「多少」亦可倒作「少多」，義同江藍生先生所釋之「少量」。如《三國志》卷一《武帝紀》裴注引張華《博物誌》曰：「又好養性法，亦解方藥，招引方術之士，廬江左慈、譙郡華佗、甘陵甘始、陽城郄儉無不畢至，又習啖野葛至一尺，亦得少多飲鴆酒。」（54頁）末句蓋謂少量地飲用鴆酒而不會被毒死，「少多」即「少量」，義

偏在「少」上。又《敦煌變文集・盧山遠公話》「夫人曰：『願相公為宅內良賤略說多少，令心開悟解。』」（178 頁）又：「公喚善慶近前：『商（引者按原卷實作適）來據汝宣揚，不若（弱）於道安，與我更說少多，令我心開悟解（引者按原在「悟」下點開），得佛法分明。』」（184 頁）又：「善慶曰：『經之七義，且放闍梨，更問多少，許之已否？』」（188 頁）這裏三例，第二例「少多」原卷實作「多少」，當是校錄者疏忽所致；第一、第三例「多少」原卷實皆作「少多」，校錄者逕改而未出校記，似因不解「少多」為詞所致。由此三例可見「少多」義同「多少」。

帕頭

「帕」字不見於《說文》、《龍龕手鏡》等字書，當為「帕」之偏旁替換字。「糸」旁表示物品的原料，「巾」旁表示物品的用途，二旁義多可通，如「紙」即可寫作「帋」。《搜神記》卷七：「太康中，天下以氈為帕頭及絡帶、褲口。於是百姓咸相戲曰：『中國其必為胡所破也。』夫氈，胡之所產者也，而天下以為帕頭、帶身、褲口，胡既三制之矣，能無敗乎！」（97 頁）此即「帕頭」之例。按《辭源》、《辭海》於「帕（mo）頭」又作「犧」、「陌」，獨不及「帕」，是以補之。又「帕頭」亦寫作「抹頭」，如《搜神記》卷七：「以漢祚復興，有鳳凰之瑞，聖人當世，從軍者皆絳抹頭，以彰火德之祥。」（101 頁）皆記音也。

遮莫

《搜神記》卷十八：「狐曰：『我天生才智，反以為妖，以犬試我，遮莫千試萬慮，其能為患乎？』（220 頁）辭源》「遮莫」條義項㊀引此例，釋曰：「猶這麼。」按此釋未確，「遮莫」在此義為「儘管」、「縱

然」，表示假設、讓步關係。「遮莫千試萬慮」義即儘管千試萬慮。

不繫

「不繫」有「不論」、「無論」之意，釋詳蔣禮鴻先生《敦煌變文字義通釋》不以、不繫、不係」條[5]及袁賓先生《變文詞語考釋錄》「不計、不繫、不係」條[6]。然引例時代皆在唐及唐以後，因此有必要補充一條較早的例證。《搜神記》卷五：「祐知其鬼神，曰：『不幸疾篤，死在旦夕。遭卿，以性命相托。』答曰：『人生有死，此必然之事。死者不繫生時貴賤。』」（63頁）「死者不繫生時貴賤」意即不論活著時是貴是賤，人都難免一死。

近

「近」有「屬」義，表示某事、某物歸屬某一類。如《搜神記》卷六：「魯嚴公八年，齊襄公田於貝邱，見豕，從者曰：『公子彭生也。』公怒，射之。豕人立而啼。公懼，墜車傷足，喪屨。劉向以為近豕禍也。」（70頁）又同卷：「魯嚴公時，有內蛇與外蛇鬥鄭南門中，內蛇死。劉向以為近蛇孽也。」（70頁）又：「魯昭公十九年，龍鬥於鄭時門之外洧淵。劉向以為近龍孽也。」（71頁）又：「景帝三年十一月，有白頸烏與黑烏，群鬥楚國呂縣。白頸不勝，墮泗水中，死者數千。劉向以為近白黑祥也。」（74頁）其他如：「劉向以為近牛禍。」（75頁）「舊説曰：『近草妖也。』」（87頁）皆同一句式。考《晉書》卷二七《五行志上》：「魏時張掖石瑞，雖是晉之符命，而於魏為妖。……石圖發

5　上海古籍出版社1988年9月新2版，第497頁。

6　載《敦煌語言文學論文集》，浙江古籍出版社1988年版。

於非常之文，此不從革之異也。晉定大業，多斃曹氏，石瑞文『大討曹』之應也。案劉歆以《春秋》石言於晉，為金石同類也，是為金不從革，失其性也。劉向以為石白色為主，屬白祥。（809頁）以此處「屬白祥」與《搜神記》「近白黑祥」之例相比照，可知「近」即「屬」也。「近」的這種意思是從「接近」、「近似」引申而來的，但如仍以「接近」等本義釋上引眾例則顯已不甚確切。

坌

《搜神記》卷十八：「其一人傷足，不能行，臥樹下，聞鬼語樹神曰：『……秦若使三百人被髮，以朱絲繞樹，赭衣灰坌伐汝，汝得不困邪？』神寂無言。明日，病人語所聞。公於是令人皆衣赭，隨所創，坌以灰。」（216頁）這裏兩處「坌」字，江藍生先生《魏晉南北朝小說詞語彙釋》收入附錄《待質詞語》（294頁）中，謂上例或以名詞作動詞用，作「撒灰」解；又疑當作蒙冒解，「坌以灰」即蒙以灰、蓋以灰。又云：「此條《列異傳》作『赤灰跋於子何如？』（《古小說鈎沈》248頁）『跋』字不知何解。」按「坌」字作「撒灰」解與作「冒蒙」解並不矛盾。《說文》：「坋，塵也。從土，分聲。」「坋」、「坌」同字，偏旁易位而已。段注曰：「凡為細末糝物若被物者皆曰坋。」此即冒蒙義。又《列異傳》作「跋」者，當為「坺」之通假字。《說文》：「坺，治也。一曰舀土謂之坺。……一曰塵貌。從土，犮聲。」段註：坺之言蓬勃也。「坺」又作「垹」，《玉篇》：「垹，塵貌。」故「坋（坌）」、「坺」「垹」「蓬」等字皆有撒灰或蒙塵義，乃音轉字異也。《敦煌變文集‧燕子賦》：正見雀兒臥地，面色恰似坌土。」（251頁）王重民先生校記曰：「『坌』原作『勃』，據甲卷改。按『坌』即『塵』字，唐人或寫作『尘』『坋』等字形，為會意字。」按「勃」蓋即「垹」之通假字，

不煩改。「坌」、「勃（埻）」可構成異文，故《搜神記》「坌」字《列異傳》作「跋（坺或埻）」便不足為奇了。

「踏破賀蘭山缺」

—— 近代漢語中的一種特殊句式 $VC_1 + N + C_2$

　　在近代漢語中有一種特殊句式，至今尚未引起研究者們的注意，甚且多為誤解。如岳飛《滿江紅》：

　　1. 駕長車、踏破賀蘭山缺。

　　其中「缺」字，林庚、馮沅君先生主編的《中國歷代詩歌選》注曰：「缺口。」其他注本或沿用此說，或避而不注。我們不禁要問：山的缺口如何可踏？此豈非「蹈空」？顯然難於自圓其說。其實，「踏破賀蘭山缺」乃是一種特殊句式，主要見於口語性較強的作品中，其句式特徵是：

　　VC_i（踏破）＋N（賀蘭山）＋C_2（缺）。

「踏破」為動補結構，「賀蘭山」為名詞，「缺」為後綴補語（姑且如此稱呼）在此句式中，C_2 必須與 C_1 同屬形容詞，而且必須意義相同或相近，都可以後補 V。同樣句式的其他例句如：

2. 王陵領騎將灌嬰，斫破寡人營亂。[1]
3. 王陵領騎將灌嬰，斫破項羽營亂。[2]

「亂」字徐震堮先生校作「壘」[3]，蔣禮鴻先生校作「部」[4]，雖然文義上都能講得通，但不會是原文真貌。這裏「斫破」為 VC_1，「寡人營」或「項羽營」為 N（由 a＋n 構成），「亂」為 C_2，並且「亂」與「破」符合「C_2 必須與 C_1 同屬形容詞，而且必須意義相同或相近」這一規律。因此，「斫破寡人（或項羽）營亂」即「斫破、斫亂寡人（或項羽）營」，前例即「踏破、踏缺賀蘭山」，「亂」、「缺」在句中起意義強調的作用，突出表明事情的結果。如果在浩如煙海的古典文獻中我們只能找到以上二例，那當然是不足為據的。事實上，這種例句絕非僅見。以筆者之孤陋寡聞，即見有：

4. （竇知）範惟有一男，放鷹馬驚，桑枝打傷頭破，百姓快之，皆曰：「千金之子，易一兔之命。」（《太平廣記》卷二四三「竇知範」條，出《朝野僉載》）
5. 他非我有罪，我非自有罪，但自去非心，打破煩惱碎。（郭朋

1　見《敦煌變文集‧漢將王陵變》，第 44 頁。

2　同上書第 45 頁。

3　見《〈敦煌變文集〉校記補正》，《華東師範大學學報》1958 年第 1 期。

4　《敦煌變文字義通釋》第 4 次增訂本，上海古籍出版社 1988 年版。

《壇經校釋》，中華書局 1983 年版，第 72 頁）

　　6. 潘郎妄語多，夜夜道來過。賺妾更深獨弄琴，<u>彈盡相思破</u>。（《雲謠集雜曲子・喜秋天》，見任半塘《敦煌歌辭總編》上海古籍出版社 1987 年版，第 285 頁）

　　7. 前念、後念及今念，念念不被愚癡染，<u>除却從前諂誑心永斷</u>，名為自性懺。（《壇經校釋》第 45 頁）

例 4「破」為 C_2，與「傷」共同後補「打」；例 5「碎」為 C_2，與「破」共同後補「打」；例 6「破」為 C_2，與「盡」共同後補「彈」；例 7「永斷」為 C_2（由 ad＋v 構成），與「却」共同後補「除」，「從前諂誑心」為 N（由 n＋a＋n 構成），句子較長而並不鬆散。

　　例 6「彈盡相思破」句，任半塘先生曰：

　　「破」義雙關：既示所彈乃大曲入破，又志被賺心情，時恐遇人不淑，而良緣難遇。《相思》大曲信必盛行於開元、天寶。因王維詩：「紅豆生南國」四句，已為《相思子》曲調之歌辭，《相思子》之聲，乃《相思》大曲之摘遍，而摘遍之形成僅稍後於大曲而已。雖曲之盛於何時者，並非即限於何時，但若聯繫《證無為》調，間接得來作辭時代之傾向，<u>則此所彈之曲名《相思破》</u>，亦可作為<u>盛唐因素之一</u>，而互相補充作用。

此將「破」字解作「入破」，定「相思破」為曲名，蓋亦由於不解句法所致。考敦煌所出歌辭，無以「破」為曲名之例；後世有《相思引》（又名《琴調相思引》等）等名，亦未聞有《相思破》。《樂府詩集》卷四六《懊儂歌》解題：「《古今樂錄》曰：『《懊儂歌》者，晉石崇、綠珠

所作，……梁天監十一年，武帝敕法雲改為《相思曲》。』」故「彈盡相思破」應標點為「彈盡《相思》破」。

與「VC$_1$＋N＋C$_2$」式句子相近的尚有「V他＋N＋C」、「V他＋C」等式，如：「早已戰他人力破。」[5]「仍更打他損傷。」[6]又有「V＋N＋C」等式，如：「打公孫敖兵馬失利。」[7]「即打韓朋雙板齒落。」[8]由於這些句子容易理解，並不引起誤解，故此處不具論。

（原載香港《語文建設通訊》第 36 期，1992 年 6 月）

5　見《敦煌變文集・李陵變文》

6　見《敦煌變文集・李陵變文》

7　見《敦煌變文集・李陵變文》

8　見《敦煌變文集・燕子賦》

三字連文論析

「三字連文」是指三個意義相同或相近的字（單音詞）連用而構成的一個並列式複合詞。「三字連文」相對於「同義連文」（特指二字同義連文）、「偏義複詞」來說要特殊得多，因為這種詞語的構詞法只見於先秦古漢語、漢魏六朝中古漢語和唐宋近代漢語，尤以中古漢語中最為習見。至於現代漢語，已罕見其例。

（1）雖未能充裕，略頗稍給。（《漢書.王莽傳》）

清代周壽昌《漢書注校補》云：「略頗稍三字連文。」這是說「略頗稍」三字是同義連文，都是略微的意思，連在一起只作為一個意思簡單的複合詞。這種三字連文，清末學者俞樾稱之為「語緩」：「古人語急，則二字可縮為一字；語緩，則一字可引為數字。」[1] 其例有：

1　《古書疑義舉例》卷二「語緩」條。

（2）繕完葺牆以待賓客。（左傳·襄公三十一年》）

（3）庸次比耦，以艾殺此地。（《左傳·昭公十六年》）

（4）王朝至於商郊牧野。（《尚書·牧誓篇》）

　　俞氏針對例（2）分析道：「急言之，則止是『葺牆以待賓客』耳。乃以『葺』以上更加『繕完』二字，唐李涪《刊誤》遂疑『完』字當作『宇』矣。」針對例（3）分析道：「急言之，則是『比耦以艾殺此地』耳。乃以『比』上更加『庸次』二字，杜注遂訓為用次更相從耦耕矣。皆不達古人語例故也。按《方言》曰：『庸、恣、比、㞦、更、迭，代也。』庸、恣、比三字，即本《左傳》。恣與次通。」又針對例（4）分析道：「按：郊牧野者，《爾雅》所謂邑外謂之郊，郊外謂之牧，牧外謂之野也。《孔傳》云：『至牧地而誓眾』，則但謂之『商牧』可矣。《國語》曰：『庶民弗忍，欣戴武王，以致戎於商牧。』是其正名也。乃連郊野言之，曰『郊牧野』；又或連言之，曰『牧野』，《詩》曰『牧野洋洋』是也。此皆古人語緩，故不嫌辭費。」應該指出的是，俞氏對各例的分析雖然都很精審，而且糾正了前人臆校之失，但他的「語緩」說却未能從語法學的高度準確分析三字連文的特點。三字連文至少有以下幾個語法作用：一、通過同義關係來加強詞義的明確性。「略頗稍」的詞義雖然完全等於「略」或「頗」、「稍」、「略頗」、「頗稍」、「略稍」等，但二字連文比單字意義要明確，三字連文則更比二字連文意義明確。二、通過與在前或在後的字連接而構成雙音節停頓的句子或詞組。「略頗稍給」四字構成兩個雙音節停頓單位，即在「略頗」二字下作第一個頓，而不是在「略頗稍」三字下才停頓一下。這種停頓與語法上「略頗稍」三字修飾「給」一字的偏正關係不一致，因而不是語法要求的停頓，而是口語語流要求的停頓。如果我們把「略頗稍給」

變成「略頗給」，意義未變，但語流就欠流暢了。三、通過與在前或在後的字連接使詞組或句子凝縮化，不嵌虛字和拖帶代詞。「略頗稍給」可以說成「略頗給之」、「商郊牧野」可以說成「商之牧野」等，但語法效果不一樣。

　　三字連文在魏晉南北朝的中古漢語文獻中應用的頻率大大增加，而且在整個漢語史上達到高峰。從材料的性質來看，這時期的三字連文主要應用於口語性文獻，如漢譯佛經即是。因此，三字連文可以說是中古漢語口語語法的重要標誌之一。例如：

　　（5）姊有一子，與舅俱給官御府，織金縷、錦綾、羅縠，珍好異衣。（西晉竺法護譯《生經・舅甥經》）

　　（6）見帑藏中琦寶好物，貪意為動。（同上）

　　（7）於時遠方有大賈來，人馬車馳，填咽塞路，奔突猥逼。（同上）

　　（8）其山峰秀端嚴，是五山之最高也。（《水經注》卷一引康泰《扶南傳》）

　　（9）諸法無所生，亦無有所滅。曉了知此者，則為無恐畏。（竺法護譯《佛說滅十方冥經》）

這些三字連文，有的是動詞，有的是名詞，還有的是形容詞、副詞，可見各種詞類都可以。甚至連詞亦可：

　　（10）藉弟令毋斬，而戍死者固十六七。（《史記・陳涉世家》）

「藉弟令」三字都是「即使，假如」之意，註解《史記》的服虔、應

劭、蘇林等各家眾説紛紜，都未能注意三字連文的特點。

　　三字連文在唐代以來仍然有不少用例，只是形式上沒有任何發展，數量也未加大。如：

　　（11）悉皆咸臻知罪福，勤耕懇苦足餱糧。（敦煌寫本 S.778《王梵志詩集並序》）

此例「悉皆咸」三字為副詞連文，其下句依對偶句法應乙作「懇苦勤耕足餱糧」，「懇苦勤」三字為形容詞同義連文。類似的例子還有：

　　（12）自後切須恭勤，孝順父母，恭敬宗諸，懇苦力作。（S.5647《吳再昌養男契》）

「懇苦力作」義同「懇苦勤耕」，「懇苦力」三字也是同義連文。有人將「勤耕懇苦足餱糧」校改為「勤耕苦懇足餱糧」，則完全抹煞了原文的俗語言特點。

　　（13）年來年去暗更移，沒一箇將心解覺知。（《敦煌變文集・破魔變文》）

　　（14）却怕眾生薄福德，不逢太子却迴歸。（Φ96《雙恩記》）

　　（15）春去春來庭樹老，早晚王師歸却還？（《雲謠集雜曲子・破陳樂》）

　　（16）適看布金事已了，是以如今還却歸。（《敦煌變文集・降魔變文》）

　　（17）含嬌窈窕迎前出，忍笑婆娛返却迴。（《遊仙窟》）

後三例郭在貽師在《〈太平廣記〉詞語考釋》[2] 一文中即已論定為「三字一義」，即本文的「三字連文」。除了三字同義連文，還有一種三字近義連文，例如「破貪嗔癡之窟宅，出離塵勞；重戒定惠之身軀，圓通法行」（Φ96《雙恩記》），所連的三字各有其義，可以互補但不能混同。這種同義連文另有一些特點，此處不擬詳論。

（原載香港《語文建設通訊》第 38 期，1992 年 12 月）

2　《中國語文》1980 年第 1 期。

敦煌俗音考辨

　　敦煌寫本文獻是漢語史俗語言文獻中最為珍貴而豐富的文獻，從中我們不僅可以考辨出當時的大量俗字、俗語調、俗語法（口語語法），而且能考辨出許多當時的俗音。由於古代的語音真貌無法流傳至今而不改變，我們現在研究古代語音只能靠當代方言和古人記錄字音的韻書、字書等書面材料。如果古人編的韻書之類都能用科學方法真實記錄某時地語音，古音研究也就不那麼困難了；而實際上古代韻書之類往往雜取各地讀音，又大量沿襲前代韻書，所以難以反映確定的時空語音。這就需要我們通過各種語音材料來加以考辨。這種考辨所值得重視的材料之一就是敦煌寫本文獻。敦煌寫本上起南北朝（北魏起有較多寫本），下迄宋初，不過大部分是晚唐五代宋初的。由於敦煌寫本中俗文學作品、應用文之類大多隨手記錄或信筆寫來，借音字占有很大比例，因而為我們提供了分析當時語音的寶貴資料。

　　本文所要考辨的是敦煌寫本中的俗音。那麼什麼叫作俗音？我給俗音下的定義是：「漢語俗音是漢語語音史上各個時期流行於各社會階

層口語中的不規範的讀音。」[1]與俗音相對的是雅音（正音），因而雅音就是判斷俗音的參照系。那麼「雅音」的標準是什麼呢？現代漢語有國家公佈的漢語拼音方案規定每個字的正確讀音，而古代漢語中却沒有這樣的標準可供採用。因此，我們就不得不以古代的韻書、字書中所注的讀音作為一種「準標準」，凡是《說文》、《切韻》、《廣韻》等被當時承認的辭書都作為一種「標準」來看待，在這些標準之外存在的讀音就基本上可定為「俗音」。下面所考辨的一些字音都是見於敦煌文獻的俗音。

一、秀才識字讀半邊

俗話說「秀才識字讀半邊」，這用來說明俗音的一大類別是再明白恰當不過了。讀半邊字，我們現在一般認為就是讀錯字。可是如果大家都這麼讀，是否還是讀錯字？那就應該說是讀俗音才較恰當。例如杭州的保俶塔，其中「俶」字許多杭州人都讀成「叔」但根據標準「俶」字音 chù，與「叔（shū）」不是一個音。讀成 shū 就是讀了俗音。

1. 栖—星

《敦煌變文集》[2]（下簡稱《變文集》）9 頁《伍子胥變文》：「妾家住在荒郊側，四迴無鄰獨栖（木旁着妻）宿。」按：「栖宿」二字查丁卷 P.2792 作「星息」。「栖宿」何以會有「星息」的異文呢？原來這是俗音在作怪。「栖」字原卷 S.328 寫作「木」旁著「妻」聲符為「妻」；可是敦煌寫本中這個字大多寫作「栖」（二字為異體字，傳刻文獻中也並存）。丁卷的抄寫人把「栖（qī）」字按右邊聲符「西」來讀，又由於方音把「西」讀成「星」，於是便有了「星息」的奇怪異文。倒推回去，

1　本定義我在博士學位論文《漢語俗語詞通論》中《漢語俗語詞與俗音的關係》一節中有詳述。

2　《敦煌變文集》，人民文學出版社 1957 年出版，1984 年重印。

那麼「星息」就是「栖息」，而「栖息」與「栖宿」為同義互換關係。作為補證，我們再舉例説明「西」與「星」的借音關係。《變文集》273 頁《下女夫詞》：「更深月朗，星斗齊明。不審何方貴客，侵夜得至門庭？」文中「星斗」二字，查乙卷 S.5949 作「西斗」（「斗」字原形為「豆」右著「斗」）。按：「西」為「星」的同音借字，因為唐五代宋初敦煌方音「星」都讀成「西」，也就是説韻尾由後鼻音的 ing 變成沒有鼻音的 i，所以説二字是完全同音的。這個問題早在羅常培先生的《唐五代西北方音》一書中就已搞清，這兒只是略加説明而已。同在《下女夫詞》中，「停」有異文為「提」，也是同樣的音理。

2. 翻—播—番

《變文集》22 頁《伍子胥變文》：「口唱歌而言曰：『蘆中一人，豈非窮事（士）乎？我有美酒一榼，魚肉五斤，餅有十播，飯有一罐，請來就船而食。」按：「餅有十播」應作「餅有十翻」或「餅有十番」，「播」字乃因讀「翻」半邊字而來的。同篇上文：「其魚（漁）人乃取得美酒一榼，魚肉五斤，薄餅十番，……」（13 頁）「播」字作「番」。又 P.5031 卷第 43 殘片：「餅廿翻餅廿翻餅廿翻。」連寫三遍，用的都是「翻」字。又如日本龍谷大學藏卷 3413 號：「麴一翻：上直錢_____」「麴」是酒麴，做成餅狀，故亦用「翻」作量詞。古代的量詞多無定字，故寫作「番」或「翻」都是對的；但敦煌文獻中「翻」的用例頗多，而傳刻文獻中多用「番」字。《廣韻·元韻》「番，數也。」這是説「番」是用來計數的量詞。庾信《謝趙王賚乾魚啟》：「蒙賚乾魚十番。」《舊唐書·薛廷老傳》：用銅鏡三千片，黃白金薄十萬番。」凡扁平物皆可稱「番」，而用「翻」字似乎更能反映扁平物可翻來翻去的特點。至於語音上，「番」本有「bō（古音）和「fān」二讀，讀 bō 則可通「播」，讀 fān 則通「翻」；反過來由「翻」字看，由於左邊聲符的

不同讀法也就同樣會借作「番」或「播」。總之，俗音是造成這一詞三字的主要原因。

3. 掇—輟—褖—綴—惙—剟

《變文集》103 頁《王昭君變文》：「日夜哀吟，無由暫掇（輟）。」按：「掇」字原錄從木旁，查原卷實從「才」旁。敦煌寫本中木旁手旁皆可寫作「才」旁，故此處逕改為「掇」。「掇」原校作「輟」，是。二字不同音，但右邊聲符相同，故抄卷人讀半邊字而寫「輟」為「掇」。又《變文集》37 頁《漢將王陵變》：「王陵脫著體汗衫，掇一標記：『斫營，先到先待，後到後待，……』」按：「掇」字查甲卷 S.5437 作「褖」，因敦煌俗字衣旁皆寫作示旁，故「褖」即「褖」，而又為「綴」之換旁字或借音字。「綴一標記」是説用汗衫綴掛於路旁作為一個記號。又 P.3211 王梵志詩：「從頭捉將去，頑骨不心驚。雖然蓄兩眼，終是一雙盲。向前黑如漆，直掇入深坑。沉淪苦海裏，何日更逢明！」按：「掇」應據半邊字讀作「綴」，而「綴」又為「墜」的借音字。又 S.1399 王梵志詩：「智者入西方，愚人墮地獄。掇頭入苦海，冥冥不省覺。」「掇」字 S.778 卷右邊加鳥旁，為增旁字。又 S.2702 歌辭：「死了掇頭入地獄。」按：二例「掇」字皆應從半邊字求之，讀作「綴」，又借音為「墜」，「墜頭」義即墜身。又《變文集》578 頁《維摩詰經講經文》：「遂顯身羸掇。」「掇」字業師《敦煌變文字義通釋》附錄二校作「惙」，是。此亦讀半邊字所致。又 S.778 王梵志詩：「牛頭鐵叉杈，獄卒把刀掇。」「掇」字應讀半邊字為「剟」，音「測紀切」，否則與詩中「鬼」、「使」、「水」、「起」、「死」等字不押韻。

4. 推—摧—吹

《變文集》276 頁：「至堆詩：彼處無瓦礫，何故生北（此，P.3350）堆？不假用鍬鑺，且借玉琶（杷）摧。」原校：「『摧』原作『推』，據

戊卷改。」按：原校誤，這裏說的是清除瓦礫堆，所用乃需杷子，故「玉琶」非是琵琶，而是「玉杷」，因而下面的動詞應是「推」。二字相誤是因為讀了半邊字，即把「摧」讀成「推」，所以本該寫「推」却寫成了「摧」。《變文集》58 頁《捉季布傳文》：「尋山逐水薰岩穴，踏草搜林塞墓門。」後一句「塞墓門」三字丁、庚卷作「惟墓墳」，「惟」字當作「推」，而「推」又應為「摧」之半邊字。同篇又有「先拆重棚除覆壁，後交（教）播（簸）土更颺塵」（59 頁）句，「拆」字丁卷作「惟」，庚卷似「堆」而亦當為「惟」之手書。「惟」亦應作「推」而讀作「摧」。又《變文集》51 頁《燕子賦》「俗語云：寧值十狼九虎，莫逢癡兒一怒。如今會遭夜莽赤推，總是者黑廝兒作祖。」「如今」句原校：「乙、戊兩卷此句作『如今遭他赤吹』。甲卷與原卷接近，『夜』作『者』，無『推』字。」按：「赤推」、「赤吹」皆費解，當校作「救推」，即鳳凰王親自推鞫。「赤」與「救」為音近借字，而「推」則俗音為吹。《唐律疏議》卷十六「諸臨軍征討，而巧詐以避征役」條下疏曰：「或有誣告人罪，以求推對。」元人王元亮《唐律釋文》釋曰：「推對：上音吹。」這是說「推」字音「吹」。此音雖然出於元人所注，但證之唐人變文之類則早已有之，只是不見於韻書、字書正式記載而已，所以說是個俗音。

5. 簸—播—潘

《變文集》57 頁：「先拆重棚除覆壁，後交（教）播土更颺塵。」「播」字庚卷 S.5437 和己卷 S.2056 皆作「簸」。按：「簸」為本字，「播」為借音字，亦讀 bō。在《韓擒虎畫本》中有「簸旗大瞰（喊）」語，「簸」字原卷寫作手旁著「波」，也要讀成 bō。由「簸」右下聲旁而有手旁波之字，轉而有「播」，再轉而讀「播」右旁而有「潘」。如《捉季布傳文》：「後交（教）播土更颺塵。」（59 頁 3 行）「播」字查庚卷

作「簸」，而辛卷則作「潘」。同頁 14 行：「播塵颺土也無因。」前四字庚卷作「颺塵簸土」，而辛卷作「颺塵潘土」。「潘」字毫無意義，只能是由於讀「播」半邊字而產生的俗音字。

6. 苦—瞽

《變文集》129 頁《舜子變》：「夫人喚言苦瘦（瞽叟）：⋯⋯」又：「苦嗽（瞽叟）報言娘子：⋯⋯」原校「苦」為「瞽」甚是。此乃讀「苦」半邊字所致的俗音，即把「苦」讀成 gǔ，所以可為「瞽」之借音字。

7. 潘—泮—伴—拌—判

《變文集》293 頁《太子成道經》：「若能取我眼精（原錄臆改為「睛」），心裏也能潘得。取我懷中憐愛子，千生萬劫實難潘。」按：前一「潘」字，庚卷「潛 80」作「伴」；後一「潘」字，甲卷作「泮」。「伴」、「泮」皆音「潘」，讀平聲。「潘」為拋捨，谿出去之意，如 P.2891 王績《元正賦》：「獻歲風光早，芳春節會多。徑潘三月內，恣意飽相過。」即其例。字亦多作「判」，如《伍子胥變文》：「如有判命相隨，火急即須投募。」（19 頁）「判」字原校為「拚」，可不必，二字皆即一詞。「伴」、「泮」、「判」聲旁相同，故讀半邊字則有不同字形，而其字音則相同（pān）。

8. 枯—姑

《變文集》233 頁《孔子項託相問書》：「一樹死，百枝枯；一母死，眾子孤。」按：「枯」字查乙卷 P.3255、己卷 S.5676 皆作「姑」，這是由於抄寫人讀「枯」半邊字所致的俗音字。

9. 狐—孤

《變文集》232 頁《孔子項託相問書》：「雞化為雉，狗化為狐，是何也？」「狐」字查原卷 P.3883、壬卷 S.395 皆作「孤」，此亦讀半邊字

致使。同頁下文:「雞化為雉,在山澤也;狗化為狐,在丘陵也。」「狐」字甲、己、壬卷亦皆作「孤」。

　　10.檐—瞻—擔

　　《變文集》250頁《燕子賦》:「撩瞻擒去,須臾到州。」按:「瞻」字查丁卷 S.6267 作「擔」。「撩瞻」、「撩擔」都有些費解,業師《敦煌變文字義通釋》「待質錄」收有「撩瞻」條。如果我們從半邊字去考慮,那麼「瞻」、「擔」應該可以校讀為「檐」,這從甲卷作「言」的字音上可印證。「撩」有「掠」義,「撩檐」就是掠過屋檐的意思,寫鳥的飛掠情狀。

　　11.撥—潑

　　《變文集》348頁《破魔變文》:「先鋪靉靆之雲,後降潑墨之雨。」又「潑下黑霧似墨池」。按:查乙卷 S.3491「潑」字前一例作「撥」。二字右半聲符相同,但「撥」字讀不送氣音,與「潑」並不完全同音。從二字多有代用之例來看,一定有不少人是把「潑」讀成俗音「撥」的。例如《伍子胥變文》:「子胥遂(逐)後奔馳,狀如蓬飛撲火;吳軍隨後即趁,恰似風雲。一向(餉)摩滅楚軍,狀似(似字據原卷補)熱湯撥雪。」(20頁)「撥雪」就是「潑雪」,「撥」為「潑」之俗音借字(從手旁亦兼有表動作之意)。《全唐詩》(中華標點本)第十二冊 4370 頁盧仝《送王儲詹事西遊獻兵書》詩:「美酒撥醅酌,楊花飛盡時。」「撥」同「潑」。又《全唐詩》第二十三冊 8975 頁花蕊夫人《宮詞》:「酒庫新修近水傍,潑醅初熟五雲漿。」「潑」字原註:「一作撥。」可見將「潑」讀成「撥」,已是普遍流行的俗音,文人王妃亦不忌言。

二、字音不正讀別字

　　敦煌俗音除了上面說的讀半邊字的情況外,還有一類是寫作者或抄寫者字音讀得不準,因而寫出與本字讀音不完全一樣的別字。例

如：

1. 正—井

《變文集》232 頁《孔子項託相問書》：「土山無石。井水無魚。空門無關。輂車無輪。泥牛無犢。……」按：查甲卷 P.3833「井」作「正」。「井」為精母靜韻上聲字，而「正」為章母勁韻去聲字，二字聲母、聲調有別，但抄寫人語音不正，把「井」讀成了「正」，形成一個俗音。

2. 子—此—慈

《變文集》233 頁《孔子項託相問書》：「孫景懸頭而刺股，匡衡鑿壁夜偷光。子路為人情好用（勇），貪讀詩書是子張。」按：查甲卷 P.3833「子」作「此」。「子」為不送氣音，而「此」為送氣音，二字讀音本有區別。但抄寫人字音不正，把「此」也讀成不送氣音，因而成了「子」的借音字。「子」還有代「慈」之例，如同篇 232 頁：「吾有嚴父，當須侍之；吾有慈母，當須養之。」「慈」字查甲卷乃作「子」。二字聲母不僅有送氣不送氣之別，而且還有清濁之別，照理是不應相亂的。這說明甲卷抄者把「慈」當「子」來讀了。

3. 某—母

《變文集》274 頁《下女夫詞》：「上古王嬌（喬）是先（仙）客，傳聞列使（史）有荊軻。今過某公來此問，未知體內意如何？」按：「某」字原卷 P.3350、乙卷 594 皆作「母」。「母」字有二音，一為「莫補切」，一為「莫厚切」，此處所讀後一音，與常音有別，故可代「某」字。又如 P.3909《咒願新女婿》「伏願母郎，夫妻和睦。」「母郎」即某郎。

4. 朗—郎—良

《變文集》273 頁《下女夫詞》：「更深月朗，星斗齊明，不審何方

貴客，侵夜得至門庭？」按：「朗」字甲、乙皆作「郎」。又同頁：「本是何方君子，何處英才？精神磊朗，因何到來？」「朗」字甲卷作「郎」。「朗」、「郎」二字聲、韻雖同，但聲調不同，只要讀得準並不相亂。又有讀半邊為「良」的，例如同文 274 頁：「三川蕩蕩，九郡才郎。馬上刺史，本是敦煌。」「郎」字乙卷即作「良」。

三、音義乖互讀又音

漢字中自古以來便有不少多音字。多音字的產生是由於區別詞義的需要，一個字有兩三個或更多的讀音，就能夠區別出幾種不同的意義來。可是在敦煌文獻中，我們却發現有不少例子的讀音與意義相錯亂。這種讀又音（多音字中的其他讀音）而與該音的意義乖互的讀音，我認為也是一種俗音。例如：

1. 離（lì）

《變文集》33 頁《孟姜女變》：「姜女哭道何取次，玉貌散在黃沙裏。為言墳隴有標題，壞壞髑髏若個是？嗚呼哀哉難簡擇，見即令人愁思起。一一捻取自看之，咬指取血從頭試。若是兒夫血入骨，不是杞梁血相離。……」按：此段韻文用仄聲的上、去聲押韻，而「離」字通常讀平聲，不合韻。但是我發現敦煌文獻中「離」多有讀去聲的，故此例「離」亦應讀去聲。又如 P.3724 王梵志詩：「一歲與百歲，中間不怕死。長命得八十，漸漸無意智。悉能造罪根，不解生慚愧。廣貪長命財，身當短命鬼。興生向前走，唯求多出利。折本即心狂，惶惶煩惱起。錢逸（溢）即獨富，吾窮長省事。奴富欺郎君，婢有陵娘子。烏飢緣食亡，人能為財死。錢是害人物，智者常遠離。」這兒「離」字與「歲、死、智、愧、鬼、利、起、事、子、死」等上去聲的字押韻，自然也應讀仄聲。《廣韻》去聲《霽韻》「郎計切」：「離，《漢書》云：附離，着也。」這個去聲的「離」義為「着（附着）」，不是離開的意

思。然而，上舉二例「離」字雖然都讀去聲，却表達的是平聲「離開」之義，因而這可以説是一種俗音。

2. 施（shi）

P.3724 王梵志詩：「審看世上人，有賤亦有貴。賤者由慳貪，吝財不佈施。貴賤既有殊，業報前生值。有財但喫著，實莫留田（填）櫃。」這兒「施」與「貴、值、櫃」等押韻，其中「值」有去、入二聲，此亦讀去聲。「布施」的「施」一般都應讀平聲；作去聲時讀「yi」，意思是「延長」，與此不合。這樣的例子我們在《全唐詩》第十二冊4484頁元稹的《元和五年……因投五十韻》中也可發現：「小年閒愛春，認得春風意。……冷飲空腹杯，因成日高醉。酒醒聞飯鐘，隨僧受遺施。……」此一長詩共有五十韻，全都是上聲韻和去聲韻，因而「施」必然也應讀去聲而不是平聲。可見俗音影響所及，已不限於敦煌民間寫本，文人雅士也在所難免。

以上粗略地把敦煌俗音字分為三類，並選舉幾個簡單例子作了分析考辨。如果我們把這些俗音字一一輯出並加以考證，對音韻學的研究和古籍校勘必定很有參考價值。

（原載《浙江社會科學》1993 年第 4 期）

王梵志詩校釋研究綜述

　　王梵志是初唐詩僧，其家世、履歷、生卒年代等因史籍缺載而難於詳考。他的詩在唐、五代及宋初都有很大影響，但不知何故沒有完整的集子流傳下來。直到 20 世紀初敦煌寶庫被打開，人們才得以重睹其大部分作品。到目前為止，人們已發現有二十八個敦煌寫卷抄有王梵志詩。由於這些抄本都是殘卷或選抄本，重出的很多，因此，需要重新編排；又因為這些抄本訛俗滿紙，衍脫誤倒的情況十分嚴重，加之詩中大量採用俗語詞使今人難於索解，因此不經過細緻深入的校理、考釋，將無人能夠真正讀通。為此，許多學者先後對之進行了校釋。現將各家校釋的成就和存在的問題綜述如下。

一、王梵志詩校釋論著編年目錄

1. 趙和平、鄧文寬　敦煌寫本王梵志詩校注

　　　　　　　　《北京大學學報》1980 年第 5、6 期。

2. 項　楚　《敦煌寫本王梵志詩校注》補正

　　　　　　　　《中華文史論叢》1981 年第 4 輯。

3. 戴密微　王梵志詩與太公家教

　　　　《高等中國研究所叢書》第 26 卷，1982 年巴黎法文
　　　　版。

4. 郭在貽　唐代白話詩釋詞

　　　　《中國語文》1983 年第 6 期。

5. 張錫厚　王梵志詩校輯

　　　　中華書局 1983 年。

6. 松尾良樹　張錫厚校輯《王梵志詩校輯》

　　　　　日本《中國文學報》第 36 冊。

7. 李正宇　釋「恥沒忽」

　　　　《敦煌研究》創刊號，1983 年第 12 期。

8. 周一良　王梵志詩的幾條補註

　　　　《北京大學學報》1984 年第 4 期。

9. 項　楚　《王梵志詩校輯》匡補

　　　　《中華文史論叢》1985 年第 1 輯。

10.項　楚　《王梵志詩校輯》匡補

　　　　《敦煌研究》1985 年第 2 期。

11.蔣紹愚　《王梵志詩校輯》商榷

　　　　《北京大學學報》1985 年第 5 期。

12.呂朋林　王梵志詩點校拾遺

　　　　《古籍整理研究學刊》1985 年第 4 期

13.袁　賓　《王梵志詩校輯》校釋補正

　　　　《社會科學》（蘭州）1985 年第 6 期。

14.劉瑞明　王梵志詩校注辨正

　　　　《中國語文》1985 年第 6 期。

15.朱鳳玉　王梵志詩研究（1986 年版）

16.項　楚　梵志詩釋詞

《中國語文》1986 年第 4 期。

17.項　楚　王梵志詩十一首辨偽

《中華文史論叢》1986 年第 2 期。

18.劉瑞明　「生緣」試釋

《中國語文》1986 年第 4 期。

19.劉瑞明　王梵志詩三百原貌探求

《敦煌研究》1986 年第 2 期。

20.郭在貽　王梵志詩校釋拾補

《中國語文》1987 年第 1 期。

21.信應舉　《王梵志詩校輯》注商榷

《中國語文》1987 年第 1 期。

22.張錫厚　整理《王梵志詩集》的新收獲

——敦煌寫本 L.1456 與 S.4277 的重新綴合

《敦煌學輯刊》1987 年第 2 期。

23.劉瑞明　王梵志詩校注置辨

《敦煌研究》1987 年第 4 期。

24.黃靈庚　王梵志詩校勘零拾

《敦煌研究》1987 年第 4 期。

25.黃　征　王梵志詩校釋商補

《杭州大學學報》1988 年第 2 期。

26.郭在貽　王梵志詩匯校

《敦煌語言文學論文集》（浙江古籍出版社 1988 年版）

上列論著目錄基本反映了王梵志詩研究在校釋方面的成果，可能稍有遺漏。歸併上目作者，我們共得十六家：趙和平（鄧文寬）、項楚、戴密微、郭在貽、張錫厚、松尾良樹、李正宇、週一良、蔣紹愚、呂朋林、袁賓、劉瑞明、朱鳳玉、信應舉、黃靈庚、黃征（按論著發表先後排）。其中趙和平（鄧文寬）、戴密微、張錫厚、朱鳳玉的論著以輯為主兼及校釋、雜考等，其他各家則以校注商榷、匡補為主。

二、各家論著評介

1. 趙和平、鄧文寬的《王梵志詩校注》，利用原卷縮微膠卷重核《敦煌掇瑣》中「五言白話詩」（即王梵志詩）部分，在方法、手段上是一大進步。所惜該文僅校注了 P.3418，P.3211 兩個卷子，校錄仍欠準確，不少俗字、俗語詞失考或考證不精。

2. 戴密微（Paul Démiéville 1984—1979）已故著名法國漢學家，對敦煌通俗文學有長期的、深入的研究。《王梵志詩與太公家教》為其晚年力作，將王梵志詩的各個卷子和《太公家教》的各個抄本全部輯錄（蘇聯藏卷除外），並作校，注，翻譯和歷代資料附錄。戴書的校勘較精，誤錄，臆改者少。

3. 張錫厚的《王梵志詩校輯》，於戴書次年出版，收錄範圍與戴書相彷彿，附錄材料略多一些。張書註釋較詳，引證較富。但張書校勘欠精，「據文義改」的太多。如《兒婚藉嘉偶》：「榮官赤赫赫，滅族黃髮囚。」張校謂：「囚：原作『人』，出韻，據文義改。」後句戴密微校錄的「滅族黃焌焌」。按：核原卷膠卷，「黃髮囚」實作「黃焌ㄑ」，張氏所謂「人」者實為重文符號，「焌」即「焌」之俗字，戴校甚確。張氏改「焌」為「髮」，未出校記，倘不核原卷便難免使讀者誤入歧途。關於張書之誤，項楚、郭在貽、蔣紹愚、袁賓、松尾良樹等咸有糾補，此不贅述。郭在貽師曾有《〈王梵志詩校輯〉誤校示例》之作

（見 1988 年《古籍整理出版情況簡報》），概括出「因不明詞義而誤改例」等十八條示例。

又張錫厚先生《整理〈王梵志詩集〉的新收穫》一篇，首次將蘇聯藏卷 L.1456 在國內刊布，使王梵志詩的總數陡增六十多首，這對王梵志詩的研究無疑有重大意義。

4. 朱鳳玉的《王梵志詩研究》，原書未見，未敢妄下雌黃。以上四家為原文校錄加考釋者。此外，項楚先生有《王梵志詩校注》一書，將由上海古籍出版社出版。

5. 項楚《〈王梵志詩校輯〉匡補》等五篇論文，無論在質量上還是數量（校正錯誤條數）上，都是首屈一指的。項文分別糾正了張錫厚、趙和平等的論著中的大量錯誤，考辨了一大批俗字、俗語詞和佛經特殊詞語，令人耳目一新。項文的最大特點是證據充足而確鑿，這些證據大多來自佛經、歷代筆記、史傳、判牘、詔令等，帶給讀者的信息量遠遠超過其他各家之作。例如《道人頭兀雷》詩中的「道人」，張錫厚以為即「道士」，項文則引《佛說罵意經》、《佛說索經抄》、《南史》、《弘明集》、《世說新語》、《魏書》、《太平廣記》、《陔餘叢考》、《資治通鑑》、《廣弘明集》、《高僧傳》、《蘇軾詩集》等十餘種古籍中「道人」之例，證實「道人」最初實多指佛徒而非道士。又如《前人心裏怯》中的「前人」，項文引《唐書疏議》、《諸經要集》等多種文獻證明為「對方」之義，對疏釋文義很有助益。此外「緝筐」「䒹子」「揩赤將頭放」等條的考釋亦甚精彩。當然，項文亦有未確者，如《朝庭數十人》中的「闊立」校作「閑立」便是。此外，項文未能一一核對原卷（膠卷或照片），難免有不契原文者，如《近逢窮業至》中「到處即安居」句，張錫厚謂「安居」原作「女君」，項先生遂校作「汝居」其實原卷「安」作「安」即「安」之俗字，校作「汝」字非當。

　　6. 郭在貽師的《唐代白話詩釋詞》、《王梵志詩校釋拾補》等以精審見稱，所考釋者率皆難度較大的，如「蛆婟」、「蛆伫」、「時對」、「土角觸」、「兀雷」、「較些子」等即是。對於這些俗語詞作出解釋是極不容易的，因為這些詞既不見於高文典冊，又未收入字典辭書，必須據文獻逐個加以考證。郭師考釋的方法，《唐代白話詩釋詞》曾言及：「一是審辨字形。這些白話詩中使用了大量的俗字和音近替代字，單從字面上看，往往莫名其妙，但是在找出它們所代表的本字和正字之後，便能渙然冰釋。二是比類綜合。即是把同一類型的語言材料蒐集排列在一起，然後加以比較和推勘，這樣也往往能夠有所發現。」又郭師《〈王梵志詩校輯〉誤校示例》在方法論上有更深細的概括。郭師《王梵志詩匯校》則彙集了十餘家王梵志詩校釋的成果，加以自己的見解，為解決王梵志詩校釋歧見紛紜的問題奠定了基礎。

　　7. 蔣紹愚《〈王梵志詩校輯〉商榷》也是一篇較重要的論文。蔣文分別從校勘、註釋、音韻、標點四方面與《校輯》商榷共 119 條。蔣文的最大特點是對俗字、俗語詞的考辨較精，澄清了不少令人困惑的問題。

　　8. 周一良、袁賓、劉瑞明等家的研究也都取得了很好的成績，他們大抵也是針對《王梵志詩校輯》而發的，也有各家之間互相補正的。

三、對王梵志詩校釋研究的一些意見

　　1. 校釋王梵志詩必須重新核對原卷或膠卷、照片，上列論著目録中的論著，真正以核對原卷為基本手段的只是少數幾家，大部分未能做到這一點。由於未核原卷造成的誤校、漏校之例不勝枚舉。如《思量小家婦》中「索得屈烏爵」句，張錫厚謂「屈烏爵」為酒杯名；項楚謂即「屈鳥雀」，為地獄中食人的惡鳥，並據此疑《五苦章句經》中「屈鳥」為「屈烏」之訛。今核原卷膠卷，此句實作「索得屈著烏爵」

「着」旁有「卜」號表刪去，「爵」旁「乀」號表勾乙，因此，原文實當作「索得屈爵鳥」。這類問題如果不核原卷，往往便會造成據誤本立義的現象，以訛傳訛、南轅北轍和郢書燕說之事必然難免。

2. 在校釋王梵志詩時必須考辨俗字、俗語詞，以及佛教、刑法、官制等方面的特殊詞語，否則校釋定難精審。如《身如圈裏羊》「則役不如羊」句，張錫厚謂：「則役，甲三本作『刑役』。」今核原卷，「役」實作「叚」甲三本實作「叚」，皆即「段」之俗字。此處當作「形段不如羊」（項楚說），「形段」即身段。張氏蓋未詳考「段」之俗字及「形段」這個俗語詞，遂有此失。又如王梵志詩中有兩例「王侵」，張書皆改作「王役」，此蓋不知「王侵」乃佛經中習語，即「死王侵」之簡縮，「死王」即閻羅王。

3. 王梵志詩的補校仍然還要進行，許多疑難問題有待於我們去解決。例如「鬼樸」、「併櫨」等詞，直至目前亦尚難得其解。蘇聯藏卷L.1456《王梵志詩一百一十首》雖然原卷至今尚未公布，但傳錄本亦有可校者，這項工作亟待我們去做。此外，流散於各國的卷子中很可能還有王梵志詩的抄本，亦有待於我們去發掘。

4. 王梵志詩的影錄本、匯校匯注本、評析本、綜合索引等項目也都到了編撰的時機，應該抓緊搞出來。影錄本據信張錫厚先生已完成，此書將有助於更多的專家共同依原捲來校勘原文，使王梵志詩原貌恢復得更確切些。匯校匯注本應反映各家的校釋成就，嚴格取捨，給廣大讀者一個最正確、完整的讀本。評析本將有益於普及工作，使王梵志詩的研究產生更大的社會效益。綜合索引應包括原文字句索引和附錄材料、論著等內容的索引，為敦煌學、唐代文學、口語詞彙研究等學科的發展提供最為便利的工具書。總之，王梵志詩的研究雖然已達高峰，但仍然還有很多項目等待著我們去做，完成這些項目將對

王梵志詩進一步研究有重大意義。

（本文為作者 1988 年 6 月完成的碩士學位論文《王梵志詩校釋研究》的序言部分）

王梵志詩校釋商補

王梵志詩研究由表及裏、由淺入深，似乎已將進入匯校匯釋階段。然而，入之愈深，其進也愈難，梵志詩校釋中所存在之難題尚多，若不精心探索，逐一解決，匯校、匯釋亦將流於膚淺。筆者研讀之餘，偶有一愚之得，井窺管見，聊供讀者參考。

本文於各家論著，多有引用、商補，茲將名稱、作者及簡稱總列於下：

張錫厚：《王梵志詩校輯》（中華書局 1983 年版，簡稱《校輯》。本文詩題、編號悉依此。）

項楚：《〈王梵志詩校輯〉匡補》（此文析為兩篇，篇名全同，一載《中華文史論叢》1985 年第 4 輯，一載《敦煌研究》1985 年第 2 期。為免煩瑣，兩篇同簡稱為《匡補》，不加分別。）

蔣紹愚：《〈王梵志詩校輯〉商榷》（《北京大學學報》1985 年第 5 期，簡稱《商榷》。）

袁賓：《〈王梵志詩校輯〉校釋補正》（甘肅《社會科學》1985 年

第6期，簡稱《校釋補正》。）

趙和平、鄧文寬：《敦煌寫本王梵志詩校注》（《北京大學學報》1980年第5、6期，簡稱《王梵志詩校注》。）

戴密微：《王梵志詩與〈太公家教〉》（《高等中國研究所叢書》第26卷，1982年巴黎法文原版，簡稱《王梵志詩》。此書早於《校輯》，而校錄精於《校輯》，有法文翻譯，亦有註釋、解説，附錄資料甚為豐富，所惜國內鮮有傳本，各家論著皆未見稱引採掇。）

凡不用簡稱而為本文引用之論著皆見注文。

《敦煌寫本王梵志詩集原序》

撰修勸善

征按：「撰修」一語，《校輯》不注，諸家亦無説，惟法國漢學家戴密微《王梵志詩》一書疑「撰」通「譔」。按戴疑極是，惜未展開論證，今稍作補充。《説文》：「譔，專教也。」《廣雅・釋詁四》：「訓、誨、諷、誥、譔、校、勸、學，教也。」可見「譔」有「教誨」之義，與「勸」恰為同義詞。故「撰修勸善」即「譔修勸善」也。「修」為「修道」、「修福」、「修善」之「修」，如梵志《虛沾一百年之二》（070）有「長命得八十，不解學修道」句；《受報人中坐》（032）有「今身不修福，癡愚膿血袋」句；《變文集》702頁有「慈母生前修善，將為死後生天」句，皆是。「修」、「善」對舉之例如《變文集》418頁：「只將國主半朝善，便抵凡夫萬劫修。」「譔修勸善」中「修」、「善」與此例中之「修」、「善」，皆為互文見義者，即「修」包含「善」，「善」包含「修」。綜上所述，「譔修勸善」即王梵志詩以《序》首之「佛教道法」教勸眾生，修善造福。此句若望文生訓，極易誤為「撰寫編修

詩歌以勸導眾人為善」，將「撰修」與「撰修《四庫全書》」之「撰修」混為一談。

實易愚夫改容

　　項楚《匡補》曰：「『易』疑當作『乃』，『實乃』虛字呼應為文，蓋因『易』作『𠃓』與『乃』形似，二字遂易相混耳。」

　　征按：項所疑者非是。蓋原卷「易」字楷書清晰可識，「易」雖可草作「𠃓」而敦煌寫卷中不多見，項氏亦未舉出「易」「乃」相誤之例；又二字無論草楷，起筆落筆皆不相同，「乃」字通常先行一撇。因而「易」、「乃」相混之機極少。今謂「易」當為「亦」之音借（戴密微已點出，然無論據）。「易」字能否借作「亦」，關鍵在二字是否完全同音。《論語・述而篇》：五十以學易。」《魯論》「易」作「亦」。又《黃帝內經素問・氣厥論》：「謂之食亦。」註：「亦，易也。」以上二條為先秦「易」、「亦」同音通借例。《廣韻》入聲「昔」部「易」、「亦」同一小韻，音「羊益切」。又去聲「寘」部：「易，以豉切。」《集韻》「易」字亦有去、入二音。以上為唐宋時「易」、亦《同音之證。然而敦煌寫卷中二字是否亦同音？考《變文集》「易」字諧韻法：567頁「易」與「士」、「理」等去聲字通押；868頁「易」與「字」、「器」等去聲字通押；678頁「易」借作「異」，與「事」、「記」等去聲字通押；823頁「不異側量」句「異」借作「易」，讀去聲。然而，《變文集》580頁「易」卻與「力」、「惜」、「覓」、「跡」等入聲字通押。可見敦煌寫卷中「易」雖讀去聲為多，而讀入聲者亦尚存在。又讀《敦煌資料》第一輯[1]492頁《吳再昌養男契》：「兩共對面平章為定，更無改亦，

1　中華書局1961年9月出版。

如若不憑言約，更生翻悔者，便招五逆之罪。「改亦」之「亦」顯係「易」之音借。又讀《吐魯番出土文書》第四冊 121 頁《唐殘書牘》：「（前缺）未亦通再拜張郎及（下缺）」。「未亦通」為句，而「未亦」不辭，故亦當作「未易」解，「亦」音借為「易」。由此可論定梵志詩序「非但智士回意，實易愚夫改容」之「易」即「亦」之同音通假，而兩句對偶亦甚見其工穩整飭矣。

勤耕苦墾足餱糧

《校輯》：「墾，原作『懇』。據甲二本改。」

征按：原卷此句實作「勤耕懇苦足餱糧」，《校輯》將「懇苦」乙復而未出校記。鄙意「勤耕懇苦足餱糧」應作「懇苦勤耕足餱糧」。《敦煌資料》第一輯 428 頁《吳再昌養男契》（S.5647）：「自後切須恭勤，孝順父母，恭敬宗諸，懇苦力作。」「懇苦」為詞，與「勤勞」義同。「懇苦勤耕」與「懇苦力作」語法結構相同，「勤耕」、「力作」意義亦同。此二語若以現代漢語語法衡之似稍覺彆扭，然唐人口語固不可以今之語法律之也。「悉皆咸臻知罪福，懇苦勤耕足餱糧」，以「懇苦勤」三同義詞對「悉皆咸」三同義詞，亦極精妙奇特也。《校輯》以「臻」為「悉皆」之同義詞，其誤甚明，蔣紹愚已糾正。

頑愚闇蠢悉賢良

《校輯》：「悉，原作『恙』，據《大正藏》本改。蠢，原作「惷」，據甲二本改。」

征按：「悉」字原卷並非作「恙」，而是作「悉」為「悉」之俗字，《校輯》誤錄。《碑別字新編》第 159 頁「悉」字下即收有「恙」（唐大達法師塔銘）、「恙」（唐新修曲阜文宣王廟記）等異體字。「蠢」原卷

作「惷」字亦通，不煩改。《説文》：「惷，愚也。從心，春聲。」《廣韻》：「惷，愚也。」《集韻》：「惷，抽江切。《説文》：『愚也。』」為便於書寫，《集韻》乃改「惷」為「惷」，敦煌寫卷中俗字則更是如此。「惷」字唐人亦有其他用例，如白居易《詠拙》詩：「我性拙且惷，我命薄且屯。」[2]

《沉淪三惡道之二》（009）

即追司命使

《校輯》：「追，原作『遍』，據文義改。」

《匡補》：「今檢原本，『追』作『遍』，此字疑作『属』屬），謂身死之後，魂魄被『司（楚按當作伺）命鬼』攝去，即任憑其擺佈了。」

征按：項説極是。甲四本（S.1399）作「属」，《碑別字新編》[3]收其字（齊皇甫琳墓誌）。

覆生還覆死

《匡補》：「『覆』當作『復』，《王昭君變文》：『同行復同寢，雙馬覆（復）雙奔。』（《變文集》第 103 頁）前作『復』，後作『覆』，即二字混用之例。『復生復死』謂死了又活，活了又死，以更反覆經受地獄酷刑的折磨。……」

征按：「覆」、「復」可相誤自無疑義，惟將此處「覆」字説成「復」之誤則非是。覆者，反也。「覆生覆死」即「翻來覆去地死，翻來覆去

2　《白居易集》，中華書局 1979 年版，第 119 頁。
3　秦公輯，文物出版社 1985 年出版。

地生」，忽生忽死。故「覆」字不煩改。《詩・小雅・節南山》：「不懲其心，覆怨其正。」「覆」即「反」也。

□□把刀揭

《匡補》：所闕二字當作『獄卒』。今檢甲一本作『□平』，『平』即『卒』之形訛；甲四本尚存『獄』字上半。」

征按：項校「平」為「卒」極是，唯謂「平」為「卒」之形訛則非。今檢《碑別字新編》，「平」乃「卒」之異體俗字：《漢孔廟置百石卒史碑》、《隋宮人六品朱氏墓誌》均作「平」，《隋蕭汎墓志》作「夲」。P.2058 亦有「獄平」字。

《富者辦棺木》（013）

掇頭入苦海

《校輯》：『掇，原作『櫴』，據甲四本改。」

《匡補》：「此字似應作『綴』，『綴頭』為俗語詞，猶云一連串。《大目乾連冥間救母變文》：『此獄東西數百里，罪人亂走肩相掇。』（《變文集》726頁）『掇』亦應作『綴』，其誤與此類似。二句具體寫『愚者墮地獄』，蓋兼上文『富者』與『貧者』而言，以『愚人』數量多，故云『綴頭』也。」

征按：項說似是而實非。「肩相掇」之「掇」本應作「裰」，而「裰」為「裰」之俗寫（敦煌寫卷中衣旁通常都寫作示旁）。「裰」，《廣韻》入聲「末」部：「補裰破衣也。」「丁括切。」又檢《目連救母》原文，「裰」與「插」、「割」、「活」等入聲字通押，故益知與「裰」同音而不應借作「綴」矣（「綴」一般都作去聲）。「補裰破衣」可引

申為「相連」，故「肩相裰」即「肩相連」也。然則「掇頭入苦海」之「掇」果當作何解？竊謂「掇」字仍當為「綴」之誤，而「綴」字又音借為「墜」。「掇」、「綴」相誤之例如《變文集》第541頁《維摩詰經講經文》：「風前月下掇新詩，水畔花間翻惡令。」古人寫詩作文曰「屬文」、「綴文」，故「掇新詩」應是「綴新詩」之誤。《變文集》第812頁《秋吟一本》：「或弄筆以綴花文，或彎弓而□□（可補「逞武藝」）。又：「悶即後園逞武藝，□□花下綴文章（可補「閒即」）文可曰「綴」，詩亦可曰「綴」。白居易即有詩題為《微之到通州日，……因綴一章，……》。一曰「掇新詩」，一曰「綴花文」（或「綴文章」，可知「掇」為「綴」之誤。或曰：司空圖《詩品·自然》有「俯拾即是，不取諸鄰」句，則「掇詩」亦可通。按「掇詩」雖亦可通而此處則不宜作如是觀。蓋「掇」與「翻」相對（正對），劉禹錫名句「聽唱新翻楊柳枝」，「翻」即據曲填詞，與「綴」義相近。又《變文集》第530頁：「持五掇而此土化緣，杖六鐶而他方遊歷。」第531頁：「能持五掇入王城，解執六鐶他界外。」按此二「掇」字並當作「綴」，「五綴」即「五綴鉢」，與上「六鐶」本應作「六鐶杖」相對為文，皆為借代（以局部代全體）。《變文集》第704頁：「借十二鐶錫杖。」第732頁：「寄十二環錫杖來開。」「鐶」又作「環」，可知為錫杖上之飾物無疑。「五綴鉢」為補綴五處缺損之鐵鉢，《四分律》卷九曰：「若比丘鉢破減五綴不漏，更求新鉢，尼薩耆波逸提。若滿五綴不漏，更求新鉢者，突吉羅。」「掇」、「綴」相誤，究其原因有二：一曰形近，「綴」字草書作「**綴**」，與「掇」易混；二曰音近，皆從「叕」得聲，二字同有「陟劣切」之異讀。考從「叕」得聲之字，約有三類[4]：一類音「丁括切」如「掇」；一類音「陟

4　從「叕」之字尚有「剟」（測紀切）、「啜」（俞芮切）等，或為借字，或為古音，數量不多，故未列為專類。

劣切」，如「惙」；一類音「株衞切」或「稱芮切」，如「綴」、「畷」。
前二類入聲，後一類去聲，而入聲字有時又有讀去聲，故從「叕」之
字常相訛誤或通借便不足為奇矣。「綴」、「墜」可通借，說見蔣禮鴻
《敦煌變文字義通釋》[5] 第 422 頁附錄「墜金釵」條；蔣先生旁引博辯，
足可信從。茲再補數例：《變文集》第 808 頁「秋風寫一色之清（青）
屏，□□墜數般之碧砌」，「墜」通「綴」；《敦煌資料》第一輯 417 頁「墜
同盤子壹」，「墜」通「綴」；《大唐西域記校注》第 897 頁「上有石蓋
七重，虛懸無綴」，「綴」通「墜」。「墜頭入苦海」義為「墜身入苦
海」，「頭」有「身」義，項楚《王梵志詩釋詞》[6]「楷赤將頭放」條論
證極精當，足可破疑決滯。與「墜身入苦海」義近足為佐證者極多，
今略舉數例。梵志同題上聯詩句：「智者入西方，愚人墮地獄。」「墮」
亦「墜」也。《變文集》第 428 頁：「若早是醉迷，又望坑而行，必見
顛墜。」《世說新語・排調》：「盲人騎瞎馬，夜半臨深池。」此與醉漢
望坑而行，結局必然皆為「顛墜」。《大唐西域記校注》[7] 卷六「伽藍附
近三坑傳說」（第 497 頁）：「佛為人天說諸法要，有外道弟子遙見世尊，
大眾恭敬，（婆羅門女）便自念曰：『要於今日辱喬答摩，敗其善譽，
當令我師獨擅芳聲。』乃懷繫木盂，至給孤獨園，於大眾中揚聲唱曰：
『此說法人與我私通，腹中之子，乃釋種子也。』邪見者莫不信然，貞
固者知為訕謗。時天帝釋欲除疑故，化為白鼠，齧斷盂繫。繫斷之
聲，震動大眾，凡諸見聞，增深喜悅。眾中一人起持木盂，示彼女曰：
『是汝兒邪？』是時也，地自開坼，全身墜陷，入無間獄，具受其
殃。」

5　上海古籍出版社 1981 年增訂本。

6　載《中國語文》1986 年第 4 期。

7　中華書局 1985 年版，季羨林等校注。

《百歲有一人》（014）

百歲有一人，得七十者稀

《校輯》：「百歲有一人，原作『百歲乃有一人』，『乃』為衍文，已刪。」

蔣紹愚《商榷》：「應是『有』為衍文。『百歲乃一人』意即百歲者僅一人而已，極言其少。」

項楚《匡補》：「『乃』字不衍，『一人』當作『人』，此句為『百歲乃有人』蓋俗書『人』字，往往寫如『入』遂誤作『一人』二字。又『乃』字通作『寧』字，……而『寧』為『豈』之義，故梵志『百歲乃有人，得七十者稀』二句，言世人得活七十者，已云稀少，況活百歲者，豈有人乎？」

征按：此句當校錄為「百歲乃有一，人得七十稀」，諸家之說皆未盡善。王梵志詩：「傍看數個大憨癡，造宅舍擬作萬年期。人人百歲乃有一，縱令長七十少稀。……」此詩《校輯》題為《傍看數個大》（017）乃據眾本綴輯，割裂雜湊，不可卒讀。今特據《王梵志詩》抄出，以餉讀者。其中「宅舍」二字必有一為衍文（姑取前字），「縱令長七十少稀」顯為「縱令七十長少稀」之誤倒。由「人人百歲乃有一」句我們可以完全確定「百歲乃有一人得七十者稀」應於「百歲乃有一」下點斷，「乃有一」三字不可或缺。「人得七十者稀」應是衍一「者」字，「人得七十稀」即杜甫「人生七十古來稀」之簡省。又《白居易集》卷九（感傷一）《曲江早秋》詩：「人壽七十稀，七十新過半。」卷十（感傷二）《栽松二首》：「得見成陰否？人生七十稀！」句法、句意皆與此同。又按「者」字雖為衍文，其實與「造宅舍擬作萬年期」中「舍」字一樣，皆可視為「襯字」，若非齊言詩，則可儘數保留無礙，如《變

文集》第 667 頁：「人生百歲尋常道，阿那個得七十身不妖（夭）？」「阿那個」即與元曲中襯字無異。「人人百歲乃有一」、「百歲乃有一」究以作何解最善？筆者曾疑前句應作「人生百歲萬有一」，蓋「萬」字敦煌寫卷中大抵作簡體，與「乃」（有時又寫作「ㄋ」，見《變文集》第 447 頁注〔11〕說明）字形近易誤。又《敦煌資料》第一輯 437 頁：「人生共壽百歲，七十者稀。」《白居易集》卷十（感傷二）《對酒》詩：「人生一百歲，通計三萬日。何況百歲人，人間百無一。」此數例義皆相近，尤其「百無一」一語，與「萬有一」一正一反，恰可互注。由此推而廣之，「百歲乃有一」亦應作「百歲萬有一」為佳。

《福至生西方》（016）

縱有百年活

征按：「有」字甲四本作「得」，似較佳，而《校輯》失校。「得」、「有」二字草書形近，「有」或為「得」之誤。

《吾家多有田》（019）

酒食無踪迹

征按：「踪」字《校輯》及《校注》皆未出校記。今檢原卷，「踪」實作「踐」，而「踐」上原有一「終」字，抄寫者已用筆塗去，隱約可識。據此，原抄者必以「終」為誤字而塗去，易以「踐」。「踐迹」、「踪迹」義同，故不煩改字。梵志《相將歸去來》（265）「去馬游殘迹」，「殘」P.3724 作「踐」，亦未必是誤字。

配醉別受苦，隔命絕相覓

《校輯》：「別，原本殘失，乙二本作『剔』，據文義改。」

袁賓《校釋補正》：「細按文義，在『別』字的位置上可施一表示程度的副詞。唐宋口語中，副詞『太』（或寫作「大」）、『忒』等表示程度深，均為透母字，『剔』字很可能和『太』、『忒』等為一聲之轉，音近義通，也是表示程度的副詞。」

征按：檢乙二本，所謂「剔」字實作「別」，筆勢甚明。蓋原字雖欠清晰，而左下部「力」之橫筆向左伸出頗遠，若書「剔」字則應向左下延伸矣。《校輯》以不誤為誤，遂使讀者誤入歧途。今按「別」當作「另」解，白居易《賣炭翁》詩句「更有新人勝於汝」，「更」字敦煌本作「別」[8]，「更」、「另」在此義同。又「配罪」一詞，《辭源》、《辭海》皆未收，義當為「判罪發配」。《變文集》第721頁：「業官啟言大王：『青提夫人亡來已經三載，配罪案總在天曹録事司太山都尉一本。』」青提夫人墮入地獄後被判罪發配，故其檢案乃在太山都尉處。又《變文集》第719頁「判放作鬼閑無事，受其餘報更何哉」，「判放」即「配罪」也。梵志《人縱百年活》（250）：「託生得他鄉，隨生作名字。」《身如圈裏羊》（004）：「命絕逐他走，魂魄歷他鄉。」此皆「配罪」後之描寫也。「配罪別受苦，隔命絕相覓」，蓋謂七七齋後墮入地獄（詩曰「有錢惜不用」，是為愚癡，屬三毒，故當墮地獄）見閻王，然後判罪流配，更受其苦毒，欲重覓生前衣食而終因人世隔絕不可得矣。

8　見《白居易集》所校引。

《道士頭側方》（021）

莫為分別相，師僧自設長

征按：「分別相」為佛教術語，《佛學大辭典》「分別」條引《唯識述記》曰：「言分別者，有漏三界心心所法，以妄分別為自體故。」又「分別識」條引《大藏法數》曰：「分別識即第六意識，謂於顯識中分別五塵、好惡等相，故名分別識。」王梵志詩主於「三教同一體」之說，而道士自以道教為天下獨尊，於三教妄生分別，陷於煩惱，故詩人斥之以「徒自浪褒揚」。又梵志《逢師須禮拜》（242）詩：「逢師須禮拜，遇道向前參。莫生離別相，見過不和南。」「離別相」原作「多別相」，「多」蓋「分」之誤（二字草體形近）。此外「莫生分別相」亦即勿將「師」（師僧）與「道」（道士）妄生分別也。又《壇經校釋》[9]第 101 頁：「能善分別相，第一義不動，不動是不動，無情無佛種。」此例「分別相」義為「遠離四相（一、異、非一非異、亦一亦異）」，與王梵志詩中二例不同。

「師僧自設長」，「設」字《校輯》不出校記；《王梵志詩校注》錄作「䚷」並「疑為『誇』字之俗字」；《王梵志詩》疑作「該」。今按各家之說似皆誤，檢原乙二本（乙一本殘）「設」實作「説」，應即「説」字之訛（原卷書寫滯拙）。「莫為分別相，師僧自説長」，蓋謂師僧莫要妄生分別，自説己長也。

9　中華書局 1983 年版，郭朋校釋。

《道人頭兀雷》（023）

飲食哺盂中，衣裳架上取

《校輯》：「取，原作『去』，據文義改。」

征按：「取（去）」字《王梵志詩校注》及《王梵志詩》皆錄作「出」，是。《變文集》第338頁：「飯在盂中，衣生架上。」「生」與「出」義同，故「衣裳架上出」意可通。由此推論，原詩上句「出身勝地主」之「主」應作「立」（項楚說）為妥，「例頭肥特肚」之「肚」或亦應讀入聲。

獨養肥沒忽

征按：《王梵志詩》第74頁：「日日造罪不知足，恰似獨養神豬兒。」「獨養」即特養，「獨養肥沒忽」蓋以豬、羊等牲畜為喻也。

《寺內數個尼》（024）

不採生緣瘦

征按：「不採」一詞，《辭海》未收，《辭源》則有「不採」條，用《北齊書》例，義為「不理睬」。所釋是，唯不應遺漏「不采」。按《全唐詩》第9736頁有張白《武陵春色》：「是非都不采，名利混然休。」「不采」即「不理睬」。「采」、「採」、「睬」皆通。又梵志《暫時自來生》（281）詩有「陽坡展　臥，不來世間事」句，「不來」亦應作「不采」，蓋俗書「来」、「采」形近致誤也。劉瑞明《王梵志詩校注辨正》[10]謂『不來』應是『不睬』之誤，義為不理睬。」釋義是而所校改之字似未當。

10　載《中國語文》1985年第6期。

《當鄉何物貴》（029）

懸局南衙點

《匡補》：（局）原本作『宭』，為『局』字別體，《增訂碑別字》卷五《隋元公墓志銘》『局』作『宭』，與此類似。

征按：「宭」、「宭」不同字，依項説當為誤字而非「別體」。《碑別字新編》第90頁「局」字下有「宭」（《魏元天穆墓誌》）。

餘者配雜看

《校輯》：「配雜：小吏。」「唐代縣衙內吏職有：鄉頭、配雜、差科、管戶、五百等。」

《匡補》：「此說似是從此二句及下文『差科取高戶』、『管戶無五百』等句附會而來，實屬誤解。……『雜看』（平聲）為詞，猶云雜役，亦不應以『配雜』連讀。……」張說之誤甚明，項説「雜看」似亦未安。今按《吐魯番出土文書》[11]第4冊217頁有《唐西州某鄉戶口帳》，其中「雜任」、「衛士」、「職資」、「侍丁」當即為鄉中職官名稱。又第214頁亦有「雜任」、「衛士」等名稱，兩處相同。由此推論，「配雜看」中「雜」字即「雜任」之縮略；「配」為「分派」義甚明；「看」為「看（平聲）管」義。《敦煌資料》第一輯《敦煌諸寺丁壯車牛役簿》有「看磑」、「看園」等詞，「看」皆作「看管」解。

11 文物出版社1983年版。

《朝廷數十人》038）

街頭闊立地

《匡補》：「『闊』應是『閑』的形訛，『閑立地』猶云站着。」

征按：項說非是。敦煌寫本《啟顏錄》[12]「論難」條：「動甫即於高座前褰衣闊立，問僧曰：『看弟子有幾個　？』……」「褰衣闊立」即提攝起長裙放開架勢站着，故「闊立地」亦應同此作「放開架式站着」解。

《從頭捉將去》（049）

直掇入深坑

蔣禮鴻《敦煌變文字義通釋》第 92 頁：「《敦煌掇瑣》，白語五言詩：『雖然畜兩眼，終是一雙盲。向前黑如漆，直掇入深坑。』可證『掇』和『踏』字是同聲通用。」

劉士濤《敦煌變文裏的「掇字」》：「『掇入深坑』即是『扎入深坑』。[13]

征按：上二說皆誤。此「直掇入深坑」與「掇頭入苦海」同（見013 題），應釋為「直墜入深坑」。然蔣先生此例雖誤，猶不妨「何山鳥，掇地作音聲」之釋為「踏地叫喚」。其一，「踏地叫喚」與「掇地作音聲」為異文，「踏」、「掇」自應相通；其二，「掇」、「搨」有相誤之例，如王梵志《沉淪三惡道之二》（009）有「把刀搨」一語，「搨」字《王梵志詩》據 S.1399 錄作「掇」，「搨」、「踏」（蹋），形、音皆近，

12　見王利器《歷代笑話集》，上海古籍出版社 1981 年版，第 10 頁。

13　載《中國語文通訊》1984 年第 5 期。

自應相通。至於劉氏欲以己説「掇」釋「刾」、「扎」全盤推翻蔣書「踏地、掇地」條則大誤。現將劉文眾例相關者條析如下。《變文集》第37頁：王陵脱著體汗衫，掇一標記：「『研營』，先到先待，後到後待⋯⋯」劉文曰：「『掇一標記』即是『刾一標記』」，「這裏的『掇』似應解作『刾』，即以鐵烙刾。」按王陵灌嬰二人約往研營，乃在「二更四點，臨入三更」，天黑易迷，故將貼身汗衫脱下掛綴於路邊（原文有「放過楚軍，到峽路山，靽馬　」句，山邊或當有樹可綴物），汗衫必是淺色，夜中可見。掛衫為記，目的是回路中不至誤抵楚軍把關處（原文有「大夫切須審記，莫落他楚家奸便」句）。下文曰「王陵先到標下」，意即到所綴標記之下也。故此例「掇」應是「綴」之通借或誤寫。當此倉卒之際，王陵何來烙鐵？「以鐵烙刾」汗衫，將作何用？皆不可解。《史記》：「吏治榜笞數千，刾剟，身無可擊者，終不復言。」《史記索隱》註：掇亦刾也。應劭云以鐵刾之。」《世説新語・排調》：「范啟與郗嘉賓書曰：『子敬舉體饒縱，掇皮無餘潤。』」（征按：「饒縱」為副詞，義為「即使」，故應下讀。徐震堮《世説新語校箋》此句作「子敬舉體無饒，縱掇皮無餘潤」似亦誤。）按此二例「掇」皆為「剟」之借，與「掇一標記」、「直掇入深坑」異趣，不可一概而論。「剟」音「丁活切」，又音「陟劣切」，與「掇」同音，故可通用；又「剟」《集韻》有「測紀切」（上聲）一音，與「剗」、「刜」為異體字。王梵志「獄卒把力搊」之「搊」一作「掇」，與「起」「死」等上聲字通押，則正應讀為「測紀切」（CY）。此外，劉文又舉「啄」、「鐸」數例，皆與「直掇入深坑」之「掇」實不相干，故此處不具論。

本文承郭在貽先生精心審閱，是正實夥，謹此深表謝忱！

（原載《杭州大學學報》1988 年第 2 期，為作者碩士學位論文的部分內容）

王梵志詩校釋續商補

　　王梵志詩研究現在已有很多成果，在校釋方面自戴密微《王梵志詩附太公家教》、張錫厚《王梵志詩校輯》二書相繼出版後，又有朱鳳玉《王梵志詩研究》和項楚《王梵志詩校注》二書幾乎同時刊布。這四種書可以說是各有千秋、後出轉精。[1]此外還有近三十篇的各家補校論文，也明顯地越考越深，把眼光漸次投向疑難問題上來。可以預期，只要這樣研究下去，那些「積案」大多會逐步被澄清。

　　本文即以上述論著為起點，對其中尚未徹底解決的一些校釋問題再作一番考慮，以續成筆者之《王梵志詩校釋商補》和《〈王梵志詩校

1　戴氏書 1982 年巴黎出版（法文）；張氏書 1983 年中華書局出版；朱氏書上冊《研究篇》1986 年台灣學生書局出版，下冊《校注篇》1987 年同上出版社出版，本文所引皆在《校注篇》中；項書全稿載於《敦煌吐魯番研究論集》第四輯，北京大學出版社 1987 年 6 月出版（略晚於朱氏書）。本文商補者以較晚出之項書為依據，凡前人誤或可商補而項書不誤者皆不闌入；反之，項書誤或可商補而前人著論中不誤者則擇要引用，以明筆者之取捨。

輯〉商補》。[2] 因戴、張、朱、項之書對王梵志詩分首、編號各異，故本文引原文時皆予標明出處（如「項書 138 頁」即指項楚先生《王梵志詩校注》第 138 頁），以便讀者覆核。

撰修勸善，誠勗非達。（項書 138 頁）

「非達」S.778，S.5796 皆作「非達」，張、朱、項氏書皆校改作「非達」，唯戴氏書照錄原卷。張校云：「據《大正藏》本改。」按：《大正藏》乃校錄本，所據原卷亦即 S.778、.5796，非別有異本，故為擅改，不可與原卷並列而稱「某本」。此二句中「撰」與「勸」互文，故「撰修勸善」義即勸令修善[3]；「非達」指那些修道而未達一間者，而「誠勗」義為勸勉。王梵志詩原序下文又云：「遠近傳聞，勸懲令善。」「勸懲」、「誠勗」義同。《唐律疏義》卷一「笞刑」下疏議曰：「笞者，擊也，又訓為恥。言人有小愆，法須懲誠，故加捶撻以恥之。」王元亮《唐律釋文》曰：「懲誠，猶勸勉也。」「懲誠」與「勸誠」、「誠勗」義亦同。故「誠勗非達」謂勸那些修道而未達一間或仍有小愆者，「非達」不煩校改。項先生謂「誠勗」義偏於「誠」，蓋先校「非達」為「非達」而不得不爾也。

一遍略尋，三思無忘。（項書 138 頁）

項註：「尋：研讀，玩味。」按：「尋」為循序下讀義，項註引韓愈詩「一讀已有怪，再尋良自疑」例即是。又白居易《閑居》詩：「書卷略尋聊取睡，酒杯淺把粗開顏。」「略尋」與王梵志序語同。《變文

2　《王梵志詩校釋商補》載《杭州大學學報》1988 年第 2 期，《〈王梵志詩校輯〉商補》載《敦煌研究》1988 年第 4 期。

3　詳拙作《王梵志詩校釋商補》。

集・唐太宗入冥記》：「把得問頭尋讀，悶悶不已。」「尋讀」為同義連文。「尋」有「讀」義，並非由「尋覓」義引申而來，而是出於「沿循」義。《伍子胥變文》：「登山入谷，繞澗尋源。」《秋胡變文》：「秋胡行至此山，遂登磎入谷，繞澗巡林。」「尋」、「巡」皆沿循之意。柳宗元《鈷鉧潭西小丘記》：「得西山後八日，尋山口西北道二百步，又得鈷鉧潭。」「尋……道」即「沿……路」或注「尋」為「探尋」未確。

查郎蠆子生慚愧，諸州遊客憶家鄉。（項書 138 頁）

項註：「查郎：放浪子弟。《廣韻》上平聲十三佳：『查，查郎。』知『查郎』乃當時習語。《全唐詩》卷八八三《補遺》二李涉《却歸巴陵途中走筆寄唐知言》：『更有風流歇奴子，能將盤帕來欺爾。白馬青袍豁眼明，許他真是查郎髓。」按：「查郎」、「蠆（蕩）子」與「遊客」皆指拋家遠遊、浪跡天涯之人，亦即「遊子」。「查」即「楂」之古字，亦寫作「槎」，義為「水中浮木」，即木筏、舟船之類。《廣韻》：「楂，水中浮木。查，同。」《博物志》卷三：「舊說云天河與海通，近世有人居海濱者，年年八月，有浮槎去來不失期。」「查郎」蓋亦因此而得義，如項書所引李涉詩，詩首云「去年臘月來夏口，黑風白浪打頭吼。櫓聲軋軋搖不前，看他撩亂張帆走」，詩尾云「扁舟惆悵人南去，目斷江天凡幾回」，皆與舟航有關，故此條「查郎」之「查」應即指「水中浮木」或舟船。又《字匯補・木部》：《類說》：唐明皇呼人為查，言士大夫如仙查隨流變，昇天入地能處清濁也。」亦可證「查郎」之「查」意義未必同項書所引《封氏聞見記》「近代流俗，呼丈夫婦人縱放不拘禮度者為『查』」之「查」。

邂逅暫時貧，看吾即貌哨。（項書 146 頁）

項註：「邂逅，《詩·鄭風·野有蔓草》『邂逅相遇，適我心兮。』鄭箋：『邂逅，不期而會。』」按：邂逅在王梵志詩中為「萬一」、「如果」之意，表示假設。《三國志·吳書·吳主傳》裴注引《江表傳》：「利跪曰：『大王萬乘之主，輕於不測之淵，戲於猛浪之中，船樓裝高，邂逅顛危，奈何社稷？是以利輒敢以死爭。』」又同上《周魴傳》：「『邂逅』洩漏，則受夷滅之禍。」孟郊《傷時》詩：「男兒得路即榮名，邂逅失途成不調。」「邂逅」皆亦「萬一」、「如果」之意。又「看吾即貌哨」句，項注云：「『看吾即貌哨』與上文『婦兒看吾好』對比成文，蓋錢多則婦兒看我即美貌，錢少則婦兒看我即醜陋，……」張湧泉《〈王梵志詩校注〉獻疑》[4]校云：「『婦兒看吾好』的『好』就是好壞的『好』，『看吾』的『看』，與下文『看我』的『看』則並是看待、對待之意。……『貌哨』疑即『眊矂』『眊𥎊』之變體，本義為煩悶，在詩中則指態度惡劣。」按：「婦兒看我好」、「看吾即貌哨」二句實皆寫婦兒之臉色、態度。與詩中「將錢入舍來，見吾滿面笑」相較可知「看」即「見」，「看我好」即「好看我」，亦即滿面笑容地來見我；「看吾即貌哨」即以貌哨之容見我。至於「看」作「見」或「看待」講，則是本義、引申義的區別，而「貌哨」仍當作醜陋講。

沉淪三惡道，負特愚癡鬼。（項書 160 頁）

項校：「特，原作『持』，據甲四改。」又注云：「負特：辜負。《遊仙窟》：『只可倡佯一生意，何須負特百年身。』」按：《遊仙窟》實作「負持」，不應逕改。「持」、「特」形近易誤，疑應作「負持」，為同義

4　載《敦煌研究》1990 年第 3 期。下引張說皆出此。

連文。王梵志詩中有「本是長眠鬼」、「刑名受罪鬼」、「纏繩短命鬼」、「願作掣撥鬼」、「終成老爛鬼」、「身當短命鬼」、「猶成薄媚鬼」等句，「鬼」前動詞皆無辜負義，而為「是」、「名」、「作」、「成」、「當」之類，故「負持」似為持受、承當、賫持之意。

倒拽至廳前，枷棒遍身起。（項書 160 頁）

項註：「身起：身體。蔣禮鴻曰：『元曲有身起、身己，為一詞之異寫。……』楚按蔣説甚是，梵志此詩之『身起』，為蔣説提供了一條更早的例證，亦可見『起』、『己』音近之歧，初唐口語即已如是矣。」按：「枷棒遍身起」即「遍身枷棒起」，猶言「枷棒遍身落」，謂人落入地獄後被鬼卒遍身杖擊，「起」只是指枷棒之起落。「起」之類似用法，王梵志詩中尚有「出後傾危起」、「四大乖和起」、「惶惶煩惱起」、「宅舍青煙起」等例。故此例與蔣師考者並不相關。又「起」屬溪母字，「己」屬見母字，雖聲母發音部位相同，却有送氣，不送氣之明顯不同，元曲中二字相混恐屬字形問題。

擎頭鄉里行，事當逞靴襪。（項書 173 頁）

項註：擎頭：昂頭。《續高僧傳》卷二五《釋植相傳》：……忽有大蛇，擎頭四顧，來趨釣者。』」按：王梵志詩之「擎頭」應為「持身」之意，《董永變文》：「世上莊田何不寶，擎身却入殘（賤）人行？」「擎身」、「擎頭」義同，「擎」皆「持」義。

又項註：「事當：按梵志詩 038 首亦云：『事當好衣裳，得便走出去。』則『事當』或是穿戴之義。按：「事當」應與「事須」義同，即必當、必須。《齊民要術·雜説》：且須調習器械，務令快利；末飼牛畜，事須肥健。」「事須」與「務令」互文，即其例。

向前十道扰，背後鐵鎚鎚。（項書 176 頁）

項註：「扰：同『捹』。《說文》：『捹，木杖也。』」張湧泉校：「從文義看，『扰』與下句末字『鎚』對偶，亦應為動詞。戴密微、蔣紹愚先生並校『扰』為『捹』堪稱確論。……『道』為量詞，『十道』猶云『十條』，詩中指十條繩索而言。」按：「扰」確為動詞，《集韻》：「扰，捶也。」而「捹」由「扰」變化而來，如同「打」、「杖」（《集韻》：「傷也。」）等字本皆從木旁一樣。又「十道」之「道」既可作名量詞，亦可作動量詞，S.2614《大目乾連冥間救母變文》：銅鳥萬道望心攛，鐵計（汁）千回頂上澆。」「道」與「回」相對，可證有「遍」、「次」之義。「十道扰」謂多次杖擊，義本可通；若校作「十道捹」，雖亦有據，但難以完全否定前說而稱「確論」。又朱書謂「十道」指唐代行政區劃之十道，則恐離文意稍遠。

〔相〕逐次第去，却活知有誰？（項書 180 頁）

項校：「『相』原脫，從《校輯》所擬補，按梵志詩 160 首有『尊人相逐去』之語。」按：S.778 缺文下存「巡」；S.1399 不缺，作「依巡」，戴書、朱書皆錄作「依巡」。「依巡」即按次第之意，「巡」義為輪流，如釃酒一遍謂之一巡。

告知賢貴等，各難知厭足。（項書 182 頁）

朱校：「難，S.778 殘缺，S.1399 作『雝』，為『雖』之俗寫。按：雝、難形近，據張校改作『難』。」戴書錄作「雝」，項書從張校作「難」。按：此字應為「雖」字俗寫而稍訛，通「須」，義即「應該」、「必須」。「雖」、「須」通假是敦煌文書最習見通假之一，如《晏子賦》：「梧桐樹雖大裏空虛，井水雖深裏無魚。」二「雖」字 P.2564 皆即作

「須」。又「告知」之「知」據前一首「善勸諸貴等」似應為「諸」之借字。

中途少少遼亂死，亦有初生嬰孩兒。（項書 184 頁）

項校：「少少遼亂死：原存『少省』，據甲四補。《詩集》作『少小遼亂死』。」又注云：「少少：通『稍稍』，漸漸。『遼亂死』即 009 首『撩亂失精神』之意。」按：「少少」甲四（S.1399）後字作重文號，應校録為「小」，因敦煌寫本「少」、「小」往往不分。「少小」謂年幼，故下句云「亦有初生嬰孩兒」。又 P.2922《佛説善惡因果經一卷》：「今見世間等同一種，生在人中，有好有醜，有強有弱，有貧有富，有苦有樂，有貴有賤，音聲不同，言語殊方，有百歲不死，三十早亡，十五夭喪，胞胎墮落，……」「十五夭喪」即「少小遼亂死」，「胞胎墮落」即「亦有初生嬰孩兒」。又「遼亂」戴書、朱書皆作「撩亂」，朱注云：「與『繚亂』同，意為紛亂。」與項注所引之例合。按：「撩亂」或「遼亂」、「繚亂」等同一聯綿詞皆有「多」義，如《伍子胥變文》：「烏鵲拾食遍交橫，魚龍踴躍而撩亂。」「撩亂」與「交橫」相對，皆狀多貌。又 P.3883《孔子項託相問書》：「夫子拔刀撩亂斫，其人兩兩不相傷。」「撩亂斫」謂不停地斫，亦狀多貌。又朱書於「中途少小撩亂死」下作句號，失韻。

吾家多有田，不善廣平王。有錢惜不用，身死留何益。（項書 187 頁）

項校：「『惜』原作『怕』，據 054 首『有錢惜不喫』及 257 首『生平惜不用』語例改。」又：「『王』字失韻，俟再考。……此云『廣平王』似亦十王之類，或即就『秦廣王』、『平等王』等目牽合而成，以言冥司主宰。」戴書、朱書皆校「王」為「玉」。按：此詩各家皆只

P.3211.、S.5441、S.5641 三卷入校，筆者又發現 P.3826 背面亦有抄録：
王梵志詩集卷吾家多有田不善廣平王有錢怕不用，身死留何益。承（原
卷抄至此）。」其中黑體五字原形如此；「死」字原卷寫如簡體「灭」；
「卷」下據 S.5441 當脱「中」字。標點後為：「《王梵志詩集》卷〔中〕
吾家多有田，不善廣平王。有錢怕不用，身死留何益。承（下缺）。」
據此，「不善廣平王」及「怕」字各卷皆同。又據詩內「益」、「喫」、
「跡」、「覓」押韻字皆在錫韻、昔韻，則戴校、朱校改「王」為「玉」
（燭韻）恐未確。又「善」字戴書、朱書校作「若」，近是，然「若」
恐為「弱」之借字。P.3780 題記：手若筆惡，若有決錯，名書見者，決
杖五索。」P.T.27 背面題記：「名人見者，好以正着。筆惡手弱，多有
決錯。」相較可知，「手若」之「若」乃「弱」之借字。「吾家多有田，
不若（弱）廣平王」蓋謂田多，不下於廣平王。

破除不由你，用盡遮他莫。（項書 189 頁）

項註：「遮他莫：『莫遮他』之倒裝。《説文》：『遮，遏也。』」朱
註：《遮他莫：遮莫他，即任憑他也。」按：項説是。洪 62 變文榜題：
「王曰：『莫遮我心！』」又：「是時王語樹臣（神）：『我此樹下曾捨九
百九十九頭，兼此一千。莫遮我心！』樹神聞以（已）不遮。」「遮」
皆為阻撓之意。

道人頭兀雷，例頭肥特肚。（項書 198 頁）

項校：「例，乙二本作『別』。」又註：「倒頭：形容肥頭胖腦，
272首戊二本亦云：『例頭肥沒忽，直似飽糠豚。』肥特肚：形容大腹
便便。」按：「例頭肥特肚」疑應乙作「例頭肚肥特」，「特」與下文
「立」、「出」、「佛」、「物」、「忽」等字皆入聲押韻。「例頭」作「肥頭」

解乏例，且上下兩句皆描寫「頭」亦未免犯複。疑「例」即「大例」、「照例」之意，「頭」則為詞尾無義。037 首王梵志詩：「世間慵懶人，五分向有二。例著一草衫，兩膊成山字。」又 051 首：「興生市郭兒，從頭市內坐。例有百餘千，火下三五個。」「例」皆即「照例」義，表示一種常情、概況。「頭」作詞尾，其例極多，如 088 首「拄著上頭天」、278 首「驚即當頭散」、312 首「分你錢財各頭散」、「齊頭送到墓門邊」、004 首「從頭捉將去」、038 首「長頭愛坐床」等皆是。

食即眾廚餐，童兒更謹當。（項書 207 頁）

項柱：「謹當：歡樂。兒童性喜熱鬧，故有此句。『謹』同『歡』，『當』讀去聲，語助詞。」按：P.3211，S.5441「當」前一字實皆作「護」，即「護」，朱書錄作「護」，是。「童兒更護當」即「更護當童兒」，「護」義為庇祐、保護，「當」為動詞詞尾。

有時檢案追，出帖付里正。（項書 207 頁）

「時」字 P.3211、S.5441 皆作「事」，「事」字不當逕改。「有事」謂遇有案件也。又項註：「檢案：檢視文簿案卷。」（張注略同）按：「檢案」在此應作名詞，即案卷。《吐魯番出土文書》第六冊562 頁《唐史衛智牒為軍團點兵事》：「牒：檢案連如前，謹牒。十月二十五日史衛智牒。史辛君昉、府張文貞問五團：所通應簡點兵尪弱、疾病等諸色，不有加減、隱沒、遺漏，具盡已不？」又同冊558 頁：「十月二十五日錄事張文表受司馬　付兵檢案。又第八冊 170 頁：「鎮果毅楊奴子妻張，鎮果毅張處妻司馬。右檢案內得坊狀稱：上件鎮果毅等娶妻者，依追前件人等妻至，問得款：張等婦人不解法式，前年十一月內逐（下殘）。」又同冊431 頁：「依檢麴威下弟一銀錢，前後納外，更欠

一千三百文，於今違限不納者。牒件檢如前，謹牒。」「檢」即「檢案」，分別作賓語等，可知為名詞。王梵志詩「有事檢案追」蓋為遇有刑事即依據檢案傳訊之意。

縣局南衙點，食並眾廚餐。（項書 213 頁）

項註：「縣局：縣衙所排宴席。點：應即進食之義。」按：此處蓋謂縣衙點名。《吐魯番出土文書》第六冊 572 頁有《唐西州高昌縣諸鄉里正上直暨不到人名籍》：昌：康達、令狐信、樊度、氾惠直檢不到人過。思仁白。六日。二月六日里正後衙到。化：尉思、嚴海、張成、宋感，仁。……」此即當時縣衙點名簿，其中「昌」、「化」等皆高昌縣下各鄉簡稱，小字「直」即上番守直，「後衙」即縣衙中的後廳，「思仁」即點名之左史名。

愚者守直坐，點者馺馺看。（項書 214 頁）

項註：「守直：固守正直之道。」按：此處「守直」謂上番值日，又稱「寓直」、「宿直」等，「直」皆值勤之意。

候衙空手去，定是搦你勒。（項書 217 頁）

項校：「候，原作『後』，乃音訛字。」又註：「候衙，參衙見官。《變文集・搜神記》：『今有一人着白袴，徒跣，戴紫錦帽子，手把文書一卷，即將後衙，向我前來。』『後衙』亦應作『候衙』。」（張書、朱書同）按：「後衙」皆不誤，上文引《吐魯番出土文書》第六冊有「二月六日里正後衙到」之語，「後衙到」即到達「後衙」。「後衙」蓋即北

衙，與「南衙」相對，南衙為官府正廳，北衙則僚佐辦事之處。

不見好出生，衣食穀米費。（項書 225 頁）

項註：「好出生，疑當作『好處生』，謂投生於富貴安樂之家。」按：「出」為入聲字，「處」則為去聲字，二字一般難以通假，字形相去更遠。

兩家既不合，角眼相蛆妒。（項書 230 頁）

按：「不合」戴、張書作「不和」，朱書作「不知」。查原卷，此處僅存 P.3211，實作「不和」當據正項、朱二書。

別覓好時對，趂却莫交往。（項書 230 頁）

「往」字據項注可知乃「住」之誤植。又「時對」下項註：「配偶。『時』疑當作『室』，妻室之義。」按：郭在貽師《唐代白話詩釋詞》[5]，謂「時對」即「特對」，「特」有匹配義，「特對」同義連文，猶言配偶。據此，「時」不當校作「室」，且「時」、「室」分別為平、入聲，難以通假。

老少總皆去，共同眾死厄。（項書 245 頁）

項註：「『眾』疑『罹』字形訛，謂遭死難也。」按：「眾」字似不誤。S.136《新菩薩經一卷》：「賈就須下諸州，眾生每日念阿彌陀佛一千口，斷惡行善。今年大熟，無人收刈，有數種病死。第一虐病死，第二天行病死，第三卒死，第四腫病死，第五產病死，第六患腹

5　載《中國語文》1983 年第 6 期。

死，第七血癩死，第八風黃病死，第九水裏死，第十患眼死。勸諸眾生，寫一本，免一身；寫兩本，免一門；寫三本，免一村；若不寫者滅門。」又同卷《救諸眾生一切苦難經》：「三月四月，鬼兵亂起，無邊無際；八月九月，（殘）末劫。眾生行善，鬼兵自滅。天地黑闇，得免苦（殘）……」據此，「眾死厄」即指此種大災大難。

貧窮實可憐，飢寒肚露地。（項書 259 頁）

項註：「露地：露著。『地』是用在動詞後面的時態副詞。《十誦律》：『露地處者，無壁無障無籬無薄席障無衣幔障，是名露地。』《妙法蓮花經・譬喻品》：『諸子等安穩得出，皆於四衢道中露地而坐。』《雜寶藏經》八《佛弟難陀為佛所逼出家得道品》：『遙見佛來，大樹後藏，樹神舉樹，在虛空中，露地而立。』……」又朱書釋義同。按：項先生所舉諸例「露地」猶言「露天」，指空曠無遮蔽處，「露地而坐」、「露地而立」之「露地」皆為處所狀語，表明「在露地而坐（立）」。而王梵志詩「肚露地」猶言「肚露底」，另一首「衣破無人縫，小者肚露地」同。錢鍾書《管錐編》1055 頁：「『地』即『質地』之『地』，今語謂之『底子』。《世說新語・文學》孫興公稱曹輔佐：『才如白地光明錦，裁為負版袴』；《文心雕龍・定勢》：『譬五色之錦，各以本采為地矣』；……此皆『地』字，蓋魏、晉時早有其義，唐、宋沿用不絕。」即其證。又「地」可用在動詞「立」、「臥」，「坐」、「樹」等後作為詞綴，然此一詞綴乃由天地之「地」虛化而來，因與之連用之動詞皆須表示重心向下者。[6]

6　蔣禮鴻師《敦煌變文字義通釋》「地」字條：「近時的學者，以為『地』等於現在説的時態助詞『着』，然而並不能完全通得過去。」亦不同意「地」同「着」説。

縱使公王侯，用錢遮不得。（項書 268 頁）

項註：「遮：請託。」按：「遮」為「阻撓」之義，所引《燕子賦》「教向鳳凰邊遮囑」句，「遮」仍為阻撓義，而「囑」為請托義，故「用錢遮」謂用錢囑托之手段相阻撓。

白日串項行，夜眠還作被。（項書 271 頁）

項註：「串，讀為『穿』。」張湧泉校：「『串』當解作套，字不煩改。」按：《廣韻》：「串，穿也。」音「古患切」。「串」、「穿」皆著衣義，故不煩改字。《世說新語・雅量》：庾時頹然已醉，幘墜几上，以頭就穿取。」韓愈《酬盧雲夫望秋作》：「自知短淺無所補，從事久此穿朝衫。」「串」則項注引《舜子變》「串着身上」例是。而「串」字《洪武正韻》始注音為「樞絹切」，故難以證明唐、五代時已由「古患切」變為與「穿」相同或相近之音，「串」未必能讀為「穿」。

但看繭作蛾，不憶蠶生箔。（項書 300 頁）

項校：「繭作蛾，原作『蛾作蛾』，《校輯》改作『蛾作卵』，茲改作『繭作蛾』。」按：原卷「蛾作蛾」當不誤，二句蓋謂只知道蛾是蛾，而不知道為何蠶會生於箔上，即以不知蛾、蠶之變化來比喻不知人之生、死無常和生、死無別，故下文云「當作如是觀，生死無好惡」。

有生即有死，拄著上頭天。（項書 305 頁）

項校：「拄，原作『注』。拄著上頭天：謂地上人滿為患，層層堆積，上拄於天。」按：原卷「注」當不誤，「注著上頭天」謂生死皆由上天命中注定也。王梵志詩有「官職天曹注」及「死時天遣死，活時天遣活」等句。又《唐太宗人冥記》「□□：□□□皇帝曰：『此案上

三卷文書，便是陛下命祿，及造□□，一一見在其中。……，催子玉却據□□而坐，檢尋文部（簿）：皇帝命祿歸盡。遂依命祿上□□命祿額上添祿，又註：十年天子，再歸陽道。」亦其例。

偷盜吾不作，邪淫吾不當。（項書 306 頁）

　　項校：「吾，原作『五』。『五』應是『吾』之訛。」朱校：「『五不作』、『五不當』為隋唐民間通俗訓示讀物所常見之用語，參敦煌雜抄，李義山雜纂。」按：朱說近是，字不煩改。又原卷 P.3833 下句「不」字原已塗去，應出校。

一直逢閻天，盡地取天堂。（項書 306 頁）

　　閻天，張書錄作「宿天」，朱書錄作「閻天」而校作「閻老」。項註：「『一直』兩句俟再校。」按：「閻」字原卷草書，故張錄誤；「夭」字當為「天」字之訛。「閻天」即指閻魔天，為裁斷一切眾生善惡業之天，所指與「閻老」同。李遵勗《天聖廣燈錄》引王梵志詩：「梵志死去來，魂魄見閻老。讀盡百王書，不免被捶拷。一稱南無佛，皆以成佛道。」此即「一直逢閻天，盡地取天堂」之意。

循環何太急，□□相催驅。（項書 309 頁）

　　項校：闕字原似『奵』不可識。」按：闕字戴書作「槌」，朱書作「塸」而校作「搥」。朱校是。

徒作七尺影，俱墳一丈坑。（項書 310 頁）

　　項校：「徒，原作『従』，應是『徒』字形訛，《校輯》作『從』。作，原作『你』，從《校輯》所改。」按：「徒」即「從」之俗字，敦

煌文獻中多作此形，朱書及張書皆不誤，戴書改作「縱」，未是，「你」
字不煩改，「從你」意即任從你、任憑你，表示假設、讓步關係。148
首王梵志詩：「看客只寧馨，從你痛笑我。」「從你」亦「任從你」之
意。故此二句謂：任憑你有七尺之軀，也難免一樣落得個一丈墳坑。

繩子乍斷去，即是干柳模。（項書 311 頁）

　　按：模」字出韻，原卷作「模」，實乃「樸」之俗字。朱書謂原卷
作「模」，而校作「樸」，亦未細審原卷字形也。

為人何必樂，為鬼何〔必〕悲。（項書 327 頁）

　　項校：「何必樂：何，原作『可』，參照下句改『何』字。」朱書
引潘重規說亦謂「可」為「何」之誤。按：「可」有「豈」義，敦煌文
獻中習見，蔣禮鴻師《敦煌變文字通釋》有詳考。故「為人可必樂」
即為人豈必樂，為反詰句；若作「何必樂」則未切詩意。故「為鬼何
悲」筆者《〈王梵志詩校輯〉商補》補作「為鬼〔復〕何悲」，既可保
留上句「可」字，又可保留本句「何」字，且不傷文義。

百年有一倒，自去遣誰當？（項書 329 頁）

　　項校：「一倒：謂一死。」按：「倒」當作「到」，138 首：「兀兀
信因緣，終歸有一倒。」項校：「倒，原作『到』，脫落偏旁。」其實兩
例皆應作「一到」，謂百年雖長，終有到頭之時也。王梵志詩另有「正
報到頭來」、「巡到厥摩師」、「業到即須行」、「家家總須到」等句，皆
即死期到來之意。

錦綺嫌不着，豬羊死不餐。（項書 332 頁）

「錦」原卷作「綿」，戴、張、朱、項之書皆校作「錦」。按：「綿」字可不校。《太平廣記》卷四三七《范翊》：「翊差往淮南充使，收市綿綺。」P.3270《兒郎偉》：向西直至于闐，路潤越於鋪綿。進奉珍玩白玉，綿綾雜彩千端。」「綿綺」、「綿綾」皆指上等絹帛。

但令足兒息，何憂無公侯。（項書 338 頁）

項校：「憂，原似『尤』字，應即『憂』之音訛。」按：「憂」、「尤」不同音，原卷實作「代」字，「何代」謂何時也。

若無主子物，誰家死骨頭。（項書 343 頁）

項校：「若無主子物，原作『若無主物子』，『子』旁有乙轉記號『Ｖ』，移至『物』前。」按：原卷無「Ｖ」號，只是前一行「盧」字左下之長撇而已，故「主物子」不誤。考北圖藏卷新 0691 號《問對廿六條》：「問：婦女妖華、妍鄙雖別，近乏所睹，未見異人，住（往）古以來，誰為令淑？如其出物子，可具陳。」「主物子」蓋即「出物子」，指美女也。

索得屈烏爵，家風不禁益。（項書 342 頁）

項註：「《五苦章句經》：『……烏鵲狡狗，鶗鳥屈鳥，其鳥啄嘴，純是剛鐵，飛入人口，表裏洞徹，食人五藏，東西南北，無有避處。』經文中之『屈鳥』（鳥或為烏之訛），應即梵志詩之『屈烏爵』。」按：此句原卷先寫「索得屈着鳥爵」，然後在「着」側加（卜）號表示刪去，在「爵」側加「Ｖ」號表示勾乙，故應錄作「索得屈爵鳥」。蓋「着」為「爵」之音誤，「爵」乃「雀」之假借字，「屈爵鳥」實即「屈鳥」。

至於《五苦章句經》中《鵶鳥屈鳥》，二「鳥」字皆不誤。

又「禁益」，戴書、朱書皆錄作「榮益」。按：「禁」原卷作「禁」，當為「榮」字之稍訛。「榮益」即榮溢，謂昌盛、昂揚也。

自着紫臬翁，餘人赤殺軂。（項書 345 頁）

項校：「『翁』字俟再校。」按：「翁」當為「鞠」之省旁借字，《廣韻》：「鞠，吳人靴靿曰鞠。」蓋即皮鞋也。

當時雖笝堵，過後必身安。（項書 357 頁）

笝堵，戴書校作「堵氣」，張書校作「碕堵」，朱書錄作「綺楛」項註：「笝堵：應即『踞踦』、『踞崎』之倒文，行難進貌。《抱朴子外篇‧嘉遁》：『不役志於祿利，故害辱不能加也；不踞崎於險途，故傾墜不能為患也。』」按：五卷本《王無功文集‧遊山寺》：「暫識嶜閣嶺，聊詢劫盡灰。」「笝堵」（原卷前一字較模糊，似作「綺」應即「嶜閣」為同一聯綿詞之異寫。據王績詩，「嶜閣」作「嶺」之定語，義當即崎崛不平貌，與王梵志詩意相合。又 S.6836《葉淨能詩》：「皇帝樹下徐行之次，踦踞暫立。」「錡踞」疑與「錡堵」亦同詞異寫，為躊跙不進貌。

負恩必須酬，施恩慎勿色。索他一石麪，還他拾斗麥。（項書 358 頁）

項校：「索他：原作『索得他』，衍『得』字。」按：朱校云「『色』、『索』意同為求，當刪一字」，是。此處蓋先寫假借字「色」，復接改為「索」，故當刪者為「色」。而「得」字屬下句，「得他一石麪，還他拾斗麥」謂借得人家一石麪，就應如數還他也。下文「得他半匹練，還他二丈帛」及另首「得他一束絹，還他一束羅」，皆用「得」字起句。

瓠蘆作杅車，棒莫作出客。（項書 358 頁）

項校：「棒莫：疑當作『捧菓』。出：原卷作『田』，疑當作『屈』，邀請之義。此句仍俟校。」又後二字戴書亦作「出客」，張書作「山客」，朱校云：「原卷實作『惡客』。」按：拙作《〈王梵志詩校輯〉商補》已據原卷錄作「瓠蘆作打車棒，莫作一出客」，蓋「一」字與「出」字連書而前句作六字，遂使諸家誤入歧途。「瓠蘆」即「瓠」之雙音詞，故依五言句式可刪「蘆」字。古代水車以竹筒、葫蘆等作轉輸上的戽斗，且據《世說新語‧簡傲》「东吳有長柄壺蘆」句可知此處「瓠蘆」乃長柄者，故以「棒」稱之。《農政全書》卷十七有「筒車」圖文，略云：「就繫竹筒或木筒（原註：謂小輪則用竹筒，大輪則用木筒）於輪之一週。水激輪轉，眾筒兜水，次第傾於岸上所橫水槽，謂之天池，以灌田稻。」又有「水轉筒車」條云：「水輪既轉，則筒索兜水，循槽而上，餘如前例。又須水力相稱，如打輾磨之重，然後可行。」所引雖未見「打車棒」之詞，但就「筒車」與「打輾磨」等處觀之，則「打車」應指打水筒車，而「打車棒」應指兜水之筒。「瓠蘆」與竹筒、木筒物異而用同，故亦可無疑。據此，「瓠蘆作打車棒，莫作一出客」當是以「打車棒」這個「出客」比喻將家裏東西奉送給別人的人，「出客」即出物與人之人。綜觀全詩，蓋謂借取別人東西一定要歸還，但也不必作個「出客」而把家裏東西額外多給別人。

敬他保自貴，辱他□自口。（項書 360 頁）

項校：「原殘兩字，《校輯》補作『還自受』，出韻。」按：原卷後尚可認出為「辱他招自恥」，戴書、朱書皆已錄出。

剩打三五盞，愁應來屍走。（項書 360 頁）

項校：「來，《校輯》作『如』。」按：原卷作「來」，疑為「悉」之訛。蓋「悉」字俗字多作「迲」、「迲」等形，與「來」形近。朱注謂：「『來』往往用在動詞之後，猶如『……時』」，施於此未當。

我家在何處？結菿守先阿。（項書 265 頁）

項校：「『菿』，《校輯》改作『隊』。『結菿』疑當作『結茅』。」按：「菿」即「對」之俗字，敦煌卷子中習見。此原卷在「守」字旁有乙轉號「V」，故應錄作「結守對先阿」。「守」字朱書引潘重規説校作「宇」，是。又「先」當為「仙」之同音借字。S.5949《下女夫詞》：上故（古）王嬌（喬）是先客。」「先」是為「仙」之假借字。「仙阿」即仙山，所謂「山不在高，有仙則名」，故樂為隱士、道人所居也。項先生疑「先阿」當作「山阿」，恐未確。

律令波濤湧，文詞花草生。（項書 366 頁）

項註：「律令：法律。」按：此處「律令」與「文詞」相對，似指詩之類。S.4571《維摩詰經講經文》：「风前月下掇（綴）新詩，水畔花間翻惡令。」「令」即作「詩」解。

枷鎖忽然至，飯盖遭毒手。（項書 368 頁）

項校：「盖，疑當作『榼』《變文集・韓擒虎話本》：『遂執盖酹酒，祭而言曰……。』『盖』亦應作『榼』」。按：項校是，然《韓擒虎話本》例原卷實作「盞」，不足為據，今另補證。268 首王梵志詩：「急送一榼酒。」「榼」P.3724 作「榼，」S.328《伍子胥變文》「其魚（漁）人乃取得美酒一榼。」「榼」字原卷作「榼」，右半即作「盖」。P.2653《燕

子賦》：身如大（七一漆）襠形。」「襠」原卷右半作「盖」P.2972《茶酒論》：大枷搚項。」「搚」字 P.2718、P.3610 皆右半作「盖」《下女夫詞》：襠襠雨袖雙鴉鳥。」「襠」字 P.3350、P.3877 右半皆亦作「盖」。據此眾例，敦煌俗書「盍」，實多作「盖」，故「飯盍」應即「飯盍」，而「盍」，為「榼」，之省旁字。

天子抱冤曲，他揚陌上塵。（項書 369 頁）

項校：「『揚』原作『於』，從《校輯》所改。」按：原卷「於」字與「揚」形、音皆不近，張校恐未確。

家僮須飽暖，裝束唯粗疏。（項書 374 頁）

按：「須」，應讀作「雖」，與下句「唯」構成複句，表示家僮即使很飽暖，裝束上卻仍只是奴僕粗疏模樣之意。「雖」、「須」，通假例多，不煩舉證。

行年五十餘，始覺悟道理。（項書 377 頁）

項校：「覺」原作『學』，當是『覺』字形訛。悟，原作『勿』，從《校輯》所改。」按：「悟」字原卷 P.2914 實作「無」，「始學無道理」義本自通，不煩校改。

年年愁上番，獼猴帶斧鑿。（項書 378 頁）

斧，原作「父」。項註：「獼猴帶斧鑿：古代戲弄之一種。《陳書‧始興王叔陵傳》：『叔陵修飾虛名，每人朝，常於車中馬上，執卷讀書，高聲長誦，陽陽自若。歸坐齋中，或自執斧斤，為沐猴百戲。』」按：斧、鑿皆古代刑具，可用以借喻桎梏、禁限，而獼猴性好動，一旦帶

（意同戴）上刑具便不能自由活動。故「年年愁上番，獼猴帶斧鑿」實以好動之獼猴受桎梏禁限不得自由而喻官吏上番（人府上班）之不得自由。

相打長取弱，至死不入縣。（項書 387 頁）

項校：「取，鄭本、《校輯》改作『伏』，亦非。取弱：居於弱者地位。」按：敦煌寫本「服」與「取」、「眼」多相亂，此處宜作「服」。139 首：「借問今時人，阿誰肯伏弱？」「伏弱」同「服弱」。

兀兀信因緣，終歸有一倒。（項書 388 頁）

項校：『兀兀，原作『克克』，按梵志詩中，『兀兀』有誤作『杌杌』者（035），有誤作『瓦瓦』者（106 首），有誤作『兌兌』者（285 首），此首『克克』之訛。《校輯》作『匆匆』。倒，原作『到』，脫落偏旁。」按：「到」不當校作「倒」，已見前文。「兀」或增木旁，非誤字，乃同一聯綿詞之異寫；或作『瓦』者，乃其俗字『兀』之誤錄；而『兌』、克」恐皆非「兀」字（285 首「兌」原卷 P.3418 作「兊」）。因為「兀」字無論正、俗體，其一橫上總是不加任何輔助筆劃的，這與「兀」字本義表光禿有關。「克」字朱書錄作「充」，謂「充充」為「悲戚貌」；戴書錄作「兌」，皆恐未確。疑此字即「尭」字省筆，「尭尭」同「髐髐」為向前行進貌。《李陵變文》：「陵軍**髐髐**向前催，虜騎芬芬逐後來。」「**髐髐**」「尭尭」皆當為同一聯綿詞之異寫。

忍辱收珍寶，嗔他捐福田。（項書 390 頁）

項校：「捐，疑當作『損』。」按：原卷 P.2614 實作「損」，戴書、朱書所錄皆不誤。

唯能縱情造罪過，不解修善自防身。（項書 397 頁）

按：不解」原卷 P.2614 實作「未解」

立身行孝道，省事莫為愆。（項書 412 頁）

項註：「省事：少惹事。盧全《月蝕詩》：『蝦蟆掠汝兩吻過，忍
學省事，不以汝嘴啄蝦蟆。』[7]」按：「省事」之「省」音 xǐng，義為
「知」、「懂」，「省事」指懂事之人。「忍學省事」之「省事」亦指懂事
之人。

但得身超俊，錢財總莫論。（項書 429 頁）

項校：「俊，各本皆作『後』，乃『俊』字形訛。」朱校略同。按：
「後」字不誤。考 P.3716「超後」作「起後」，故「超」乃「起」字之
訛。「身起後」謂人仕後也。《史記・晁錯傳》：建元中，上招賢良，公
卿言鄧公，時鄧公免，起家為九卿。」《漢書・蕭何曹參傳贊》：「蕭何
曹參皆起秦刀筆吏。」「起」皆指仕宦。又 272 首：「長大充兵夫，未
解棄家門。」項校：「棄，原脱。戊二作『起』，當是『棄』字音訛。」
按：「起」字不誤，「未解起家門」意為不懂得建立家業或做官發家。

見惡須藏掩，知賢為贊揚。（項書 433 頁）

項校：「為，原本、丁二、丁四、丁一一作『唯』，據餘本改。」
按：作「唯」字是，不當校改。「唯」與「須」互文，二句謂見惡唯須
藏掩，見賢唯須贊揚也。

---

7 查《全唐詩》盧全有《月蝕詩》二首同名，然皆未見數句，疑非盧全詩。

頻本論即斗，過在阿誰邊？（項書 434 頁）

　　按：「本」字各卷實皆作「來」，當據改正。

停客勿叱狗，對客莫頻眉。（項書 436 頁）

　　項註：「停客：留客住宿。『停』即留宿之義。」按：朱書引潘重規說：「停，當也，對也。義如『停午』之『停』，言對客勿叱狗。」甚是。「停」古字作「亭」，其中「丁」表音兼表義。《爾雅・釋詁》「丁，當也。」《詩・大雅・雲漢》「寧丁我躬。」毛氏傳：「丁，當也。」故「停」有「當」義。

但看人頭數，即須受逢迎。（項書 447 頁）

　　項校：「各本略同，唯丁七作『太公未遇日，猶自獨釣魚』。」按：P.3716（丁四本）此二作「但看人頭上，即須愛逢迎」，宜據校改。「人頭上」猶言「人面上」，指人情面上；「愛」作「逢迎」，之狀語，義為「頻頻」，如《王昭君變文》：「陰坡愛長席箕掇，〔陽〕谷多生沒咄渾。」《父母恩重經講經文》：「時時愛被翁婆怪，往往頻遭伯叔嗔。《皆其例。又「但看人頭上，即須愛逢迎」前二句「他貧不得笑，他弱不得欺」，「欺」應校作「輕」，入韻。

莫不安爪肉，魚吞在腸裏。善惡有千般，人心難可知。（項書 448 頁）

　　項校：「各本歧異甚大，原本、丁六、丁一一作『莫不安欠二，爪魚在腸裏』，丁三、丁四作『莫不安爪肉，魚吞在腹裏』；丁七則只『爪魚在腸裏』一句。丁二、丁八有殘缺。『腸』各本或作『腹』，『爪』或作『瓜』。竊謂原本等之『欠二』並非正文，乃是註明欠闕二字。茲據丁三等錄文。」按：項先生對「欠二」之理解當是正確的。此處當在

「莫不安」下絕句。上脱一句並二字；下至「善惡數千般」下絕句，「般」與「安」押韻。「人心難可知」句唯丁八本有，為衍文。故此詩應校錄為：『〔□□□□□，□□〕莫不安。瓜魚在腹裏，善惡有千般。」其中「瓜」字項錄多作「爪」，今核原卷知 S.2710（丁六）、4094（丁一一）實作「瓜」，P.3558（丁三）、P.3716（丁四）實作「瓜」，皆即「瓜」之俗字。《龍龕手鏡》「瓜，古花反。……又瓜部與爪部相濫，爪音側絞反。」故或作「爪」者乃是「瓜」之混形字。「瓜」下丁三、丁四卷有「肉」字，當為衍文。又「腸」字 S.2710（丁六）及 P.3558，P.3716 作「腹」，是。敦煌寫本二字每多相亂，應據文義定是非。「瓜魚在腹裏」謂將瓜、魚等吞食在腹中，據佛教喫魚亦屬殺生之罪，故云「善惡有千般」，「善惡」為偏義複詞，偏在「惡」上。又此詩朱書顛倒校錄為「善惡有千般，人心難可知，莫不安爪肉，魚吞在腸裏」，且云：「文義相承允當，且『知』、『裏』韻正相葉。」按：「知」為平聲字，「裏」為仄聲字，王梵志詩決不平、仄混押，故朱校實亦與項校同誤。

相見作先拜，膝下沒黃金。（項書 449 頁）

項校：「『作先拜』各本同，《校輯》錄作『先作拜』。」按：「作」當為「在」之形訛字，蓋「作」俗字或作「往」，與「在」極易相亂。

一餐何所直，感荷百金傾。（項書 456 頁）

項註：「荷，各本作『賀』。按『荷』音訛為『賀』，敦煌卷子屢見。」按：「賀」有「荷」義，不煩改。且二字互代既云「屢見」，則不應定之為「音訛」。《方言》卷七：「賀，儋也，自關而西，隴、冀以往謂之賀，凡以驢馬馲駝載物者謂之負佗，亦謂之賀。」錢繹疏云：

「賀，通作『荷』，亦作『何』，賀、荷、何字異，聲義並同。」按「何」為本字，「荷」、「賀」皆假借字，俗語詞字多無定，故「感賀」、「感荷」可以並行不悖。276首「慚荷」各本「荷」皆作「賀」，亦不煩校改。

十齋莫使缺，有力煞三場。（項書 471 頁）

項校：煞，丁四作『殺』場，丁五、《校輯》作『長』煞三場：俟再考。『場』或應據丁五作『長』，指『三長齋』，即每年正、五、九月持齋。」按：「殺」為「糳」之省形字，與「煞」皆「齋戒」義。《説文》：「糳，粺糳，散之也。從米，殺聲。」段註：「亦省作『殺』，《齊民要術》凡云殺米者皆糳米也。」按《齊民要術》第六十四「作三斛麥麴法」，「七月取中寅日，使童子著青衣，日未出時，面向殺地，汲水二十斛。勿令人潑水，水長亦可瀉却，莫令人用。其和麴之時，面向殺地和之，令使絕強。團麴之人，皆是童子小兒，亦面向殺地，有污穢者不使。」文中「殺地」即齋戒賽神之場地也。參拙作《魏晉南北朝俗語詞考釋》[8]「殺地」條。

（前闕）剝削。貯積千年調，擬覓〔妻兒樂〕。（項書 479 頁）

按：此處僅存原卷 P.3841 別卷皆殘。細審原卷「剝削」（在行首）前一行中上段有殘左半字五個，復原後即「養男女直成」，即下一首中「人間養男女，直成鳥養兒」中文字。又下一首中有「重重被剝削，獨苦自身知」二句，故此首「剝削」前應殘「重重被」三字。故疑「剝削」二字以前所殘並非另一首詩，而是重複抄寫下一首「人間養男女，……喻如黃檗皮，重重被剝削」却未抄完整者。本首應從「貯積千年調」

8　載《杭州大學學報》1990 年第 3 期。

起為首句，是一首完整的詩。

女嫁他將去，兒心死不歸。（項書 481 頁）

按：「心」原卷實作「正」之草書，朱氏校作「征」，是。

〔有生必〕有死，來去不相離。常居五濁地，更亦取頭皮。（項書484頁）

按：此四句屬上首，與「時」、「悲」、「知」等平聲押韻。而此首以「子」、「鬼」、「你」等仄聲字為韻。王梵志詩平、仄韻皆不通押。

前死未長別，後來非久親。新墳影舊塚，相續似魚鱗。（項書 497 頁）

項校：「非久親，原本、戊二皆作『亦非久』，失韻。《校輯》改作『亦非親』。茲據北周釋亡名《五盛陰》改作『非久親』，正與上句『未長別』為對。」按：原卷「後來亦非久新墳影舊塚」應校錄為「後來亦非新。新墳影舊塚」，「久」為「新」之重文號之訛而誤倒在前。敦煌寫本中重文號不下十種之多，其中「〱」、「入」等形即與「人」、「久」等極易相亂（《校輯》即曾誤錄為「人」等）。雖然此詩係改自北周釋亡名之《五盛陰》，但字面多有不同，不當完全據以校改。且「非久親」意義遠不及「亦非新」暢適，「新」、「亲（親）」又形近易誤（新墳，戊二本即訛作「親墳」），故亦難説《五盛陰》中「親」字傳刻中必無差訛，因若用「新」字在該詩中同樣比用「親」字為長。

時時獨飲樂，瓶盡更須傾。（項書 509 頁）

項校：『瓶，原作『𣹉』，戊二作『沉』」張湧泉校作「𤮚」，是。然云王梵志詩『前説『美酒三五瓶』後説『𤮚盡更須傾』可見『𤮚』

就是「瓶」，則猶有可補説者。《龍龕手鏡》：甕，瓶，瓾之大者也。」據此，「瓶」同於「甕」而「瓾」則是瓶之小者也。《洛陽伽藍記》卷三「勸學里」條：「李彪曰：『沽酒老嫗瓮注瓨，屠兒割肉與秤同。』」「瓨」即「瓾」字，「甕注瓾」説明瓾小於甕，且為飲器。又《變文集》中《茶酒論》「酒為茶曰：『三文一瓾，何年得富。』」又：「茶賤三文五碗，酒賤中（盅）半七文。」據此，則三文錢可買一瓾茶，一瓾約等於五碗矣。又今北方某些方言稱杯子為「缸子」，亦可遙相印證「瓾」與「瓶」有別。

將軍馬上死，兵滅他軍營。（項書 512 頁）

項校：「他軍營：『他軍』原作『地君』，戊二作『地居』。按『地』為『他』之形訛，『君』又『軍』之音訛。」按：「君」蓋「居」之形訛，戊二本「地居營」是。《變文集・歡喜國王緣》：「果然七日身亡，生在他居天上。」「他居天」甲卷作「地居天」。「地居天」為佛教術語，與「空居天」相對，以居住於須彌山而得名（見《秘藏記末》）。又《佛地論》卷一：「地謂所依、所行、所攝。」故「兵滅地居營」蓋兵士死於營地，並非指敵軍之營。

生受刀光苦，意裏極星星。（項書 513 頁）

項校：「星星，原作『皇皇』，《校輯》改作『惶惶』，茲從戊二本。按 288 首亦有『耳裏極星星』之語。」又註：「星星，通『惺惺』，表示清醒寧靜。……生時備受刀光之苦，唯有死後方獲寧靜，故云『極星星』也。」按：「生受」為俗語詞，並非「生時備受……」之意。「生」猶「生怕」、「生憎」之「生」，是個具有強調意味的詞綴，如《變文集・廬山遠公話》：「母若飢時，生受倒懸之苦。」因此「生受刀光苦，意

裏極星星』二句並非作生前、死後之比較。至於「星星」，疑為「恓恓」之借音字。P.3350《下女夫詞》：「更深月郎（朗），星斗齊明。」「星」S.5949卷即借作「西」。「西」為「恓」、「栖」等字聲符，故亦可通（即讀半邊字）。如《伍子胥變文》：「四迴無人獨棲宿。」「棲」字P.2794卷作「星」，即讀其異體「栖」之右半而借音。「栖」字如此，「恓」亦類推。「恓恓」即「恓惶」之義，「意裏極恓恓」蓋謂心中極慌亂也。

當頭憂妻兒，不勤養父母。（項書 515 頁）

項註：「當頭：當面。」按：此處「當頭」作「當面」講意實欠暢，疑「當」乃「常」之形訛，「常」通「長」，「長頭」王梵志詩中例廣，皆作「長時、常常」解，此處二句即謂不孝子總是憂念妻兒而不勤於奉養父母。「當」、「常」相誤例極多，如本首詩內「渾家少糧食，尋常空餓肚」句，「常」字戊二本P.3724即誤作「當」。

男女一出生，恰似餓狼虎。（項書 516 頁）

項校：「出，各本作『處』，乃音訛字。」按：「處」為去聲字，不當誤作入聲字「出」。「男女一處生」蓋謂兒女生得多，故爭食時「恰似餓狼虎」，意本可通，不煩改。王梵志詩有些看似平、入聲字通押，但這些入聲字往往是多音字。如246首以「值」與「貴」押，「值」為入聲字，但考《廣韻》有「直吏切」之去聲音，故可與去聲字「貴」通押。由此可見當時入聲仍是嚴格的一類，不能和其他三聲之字隨便通假。

錢饒即獨富，吾貧常省事。（項書 519 頁）

項校：饒，原作『逸』，戊二作『遞』，《校輯》改作『兌』。按此

字疑是『遶』之訛，『遶』又『饒』之訛。錢饒：錢多。」按：戊二之字即「逸」之俗書，276首「菴羅能逸熟」之「逸」，S.6032即作「迭」，可證。朱校：「逸，超絕，與『軼』通。」按朱說亦未確，「逸」乃「溢」之借字。《變文集‧茶酒論》：「人來買之，錢財盈溢，言下便得富足。」又P.3468《兒郎偉》：天門日昌熾，府庫常盈溢。」P.3702《兒郎偉》：家國倉庫盈滿，　願飯飽無　。」「盈溢」義同「盈滿」，「錢溢」義即「錢滿」。「逸」、「溢」完全同音，其可通假無疑。又276首「菴羅能逸熟」之「逸」，項書校作「異」，恐未確。「異」為去聲字，「逸」為入聲字，二字未易通假。此一「逸」字當亦通「溢」，義為「滿」，「溢熟」即指果子飽滿，成熟。

□□□□□，心恆更願取。（項書521頁）

　　按：闕文五個原卷實無空缺處，而「取」字與「下皺」、「口」等字不合韻。故心恆更願取」或者屬上首，或者為本首之首句而其下脫一句。

腰似就弦弓，引氣嗽喘急。（項書521頁）

　　項校：就弦，原作『斷駞』據戊二本改。按作『斷』雖亦通，究不如作『就』更為形象。」朱說同。按：原卷「斷弦弓」（斷下之字應是「弦」之訛）義勝。「斷弦」非謂已斷之弦，而謂緊繃欲斷之弦。P.2754《麟德安西判集》：「安西都護，鄰接寇場，兵馬久屯，交綏未央。非是軍謀不及，良由兵力尚微。目下待人，必知飢渴。方獲圖滅，急若斷弦。崔使今春，定應電擊。于闐經略，亦擬風行。」「斷弦」即以緊繃欲斷之弦喻軍情緊急。

　　又項校：嗽，原作『嗄』當是音訛字。此三字戊二作『瘦喘囒』，

『瘦』亦『嗽』之音訛，書手擬改書『嗽』，又寫作『嗽』且取代『急』字，遂不可解。」按：此三字應校錄為「粗喘嗽」，「嗽」字入韻。二卷之「嗄」、「瘦」皆為「粗」（麤）之俗字「麁」、「宎」等之形訛。北圖「雲」字24號《八相變》：見一老人，……緩行慢行，粗喘細喘。」「粗」字原卷作「麁」，「麗」字40號作「宎」，皆與「瘦」等形近易訛。由《八相變》寫老人之句對比王梵志詩寫老人，知此處應是「粗喘」。又戊二本「嗽」即「嗽」之俗字，P.2755張仲景《五臟論》：「紫苑緩東（款冬），棄（氣）嗽要須當用。」「棄嗽」S.5614、P.2155、P.2378卷旨寫作「气嗽」可證。「粗喘嗽」即粗喘，「喘嗽」為同義連文。

春人收糠將，舐略空脣口。（項書521頁）

項註：「略，通作『掠』。」按：項先生舊校謂「略」當作「掠」。今說是。《諸病源候論》卷一「風身體手足不隨候」條引《養生方導引法》：「以舌舐略脣口牙齒，然後咽唾，徐徐以口吐氣，鼻引氣入喉。」「舐略脣口」、「咽唾」、「引氣」與王梵志此詩用詞恰同。字亦通作「撩」，同上書卷三引《養生方導引法》：「以舌撩口中漱滿二七，咽，愈口乾。」又通作「聊」，同上書卷二引《養生方導引法》：「舐脣漱口，舌聊上齒表，咽之三過。」

醜婦來惡罵，啾唧搊頭灰。（項書527頁）

項註：「灰，疑當作『盔』。『搊頭盔』猶云抓帽子。」張說、朱說略同。按：《東坡志林》卷一《論修養帖寄子由》：「書至此，牆外有悍婦與夫相毆，詈聲飛灰火，如豬嘶狗嗥。」所寫情境與王梵志詩頗相似，故疑「啾唧搊頭灰」意即「詈聲飛灰火」，「灰」非「盔」字之省誤。

天王元不朝，父母反拜却。（項書 540 頁）

按：「却」當作「脚」，「拜脚」謂拜倒於脚下。同詩「滿街肥統統，恰似鱉無 」句，P.3724 卷「脚」即作「却」。

欲似鳥作群，驚即當頭散。（項書 549 頁）

項校：「當，戊三作『分』。」朱校同。按：戊三卷（S.6032）「當」實作「各」字草書，「各頭散」義即各自逃散。

不得萬萬年，營作千年調。（項書 557 頁）

項校：「萬萬年，原作『萬二年』，『二』應是重複記號。」朱説同。按：原卷（別卷皆殘）此三字實作「苐二年」，前一字乃是「第」之俗書（敦煌寫本中竹頭多作草頭）。289 首「次弟」之「弟」原卷（與此同卷）作「苐」，與此略同。「不得第二年，營作千年調」謂在「世間亂浩浩，賊多好人少。逢著光火賊，大堡打小堡」（同詩首四句）之亂世，人要活到第二年都不得保證，愚人却還在作一千年之打算。

兀兀自遯身，擬覓妻兒好。（項書 558 頁）

項校：「兀兀，原作『允允』，即『兀兀』之形訛。遯，原作『兒』，《校輯》作『免』。疑『遯』脱偏旁為『堯』，形訛遂為『兒』。」按：「兀」原卷作「允」，恐為「尤」之形訛。「兒」即「免」之俗字，而「遯」同詩內作「遠」，字形不同。此句當録作「尤尤自免身」，「允」為「尤」字手書之變，「尤尤」義同「遊遊」，278 首「遊遊自覓活，不愁應戶役」，S.4277 王梵寺詩「騰騰處俗間，遊遊覓衣食」，皆「隨隨便便」、「渾渾噩噩」之貌，項書於 278 首「遊遊」下注以「流浪」，恐未確。故「尤尤自免身」二句當謂「自己馬馬虎虎才能夠免於身死、

飢餓，却還想讓妻子兒女過得好」，是句反話，即根本做不到讓妻、兒過得好。

切迎打㿜使，窮漢每年栒。（項書 558 頁）

項校：『切迎，原作『切逦』《校注》作『切迎』，《校輯》改作『巧遇』，俟再校。」按：二字當校錄為「功迎」，「功」通「恭」。敦煌寫本中「功」多作「功」而「切」多作「切」，有時相亂，則需以文義推斷。此詩第二句張湧泉校及朱書皆據原卷作「窮漢每學巧」，是。又朱書亦謂「功」通「恭」。

熏熏莫恨天，業是前身報。（項書 560 頁）

項校：熏熏，原作『憪憪』從《校輯》所改。熏熏：悖怒貌。」《癸巳存稿》三《熏》：《史記・酷吏列傳》云：『舞文巧詆，下戶之猾，以煮大豪。』《索隱》云：『以熏逐大豪也。』案《漢書》作『以動大豪』，注師古云：『諷動也。』動與熏蓋形近矣。《杜因傳》云：『欲以熏轑天下。』轑蓋是燎，今諺就是。凡熏人者，亦曰嚇人也。應即此字。』按：所引「熏」不重疊，恐未確。「憪憪」當為「惛惛」之換旁字，因「憪」字不見於字書。《變文集・捉季布傳文》：「大夫大似醉昏昏。」「昏昏」S.5439 作「勳勳」而敦煌寫本「昏」亦多作「惛」如《孔子項託相問書》「耶孃年老惛迷去」「惛」字 P.3833 即作「昏」。「惛惛」義即迷悶貌。

閻老忽嗔遲，即棒伺命使。（項書 592 頁）

項校：「棒，原作『捧』。」按：「捧」當為「奉」之增旁字，「即奉伺命使」謂即奉從伺命使喚也。008 首有「荒忙身卒死，即屬伺命

使」句，「屬」、「奉」義近。項注「伺命使」之「使」為「鬼使」（「使」作名詞），恐未確。

火急須領兵，文來且取你。（項書 562 頁）

項校：「文，原似『支』，《掇瑣》、《校注》錄作『走』，《校輯》錄作『文』，皆可通。茲從《校輯》。」朱書錄作「走」。按：原卷實作「走」，「走來且取你」謂迅速來捉你，「走」字不當改。

雇人即棒夯，急手攝你　。（項書 564 頁）

項註：「『攝你　』謂急不暇擇，遂捉持　。」按：朱書校「脚」為「却」，謂「攝你却」即「攝却你」，意為「捕捉你」，皆恐未確。《變文集·燕子賦（一）》：「硬努拳頭，偏脫胳膊；燕若人來，把棒撩　。」「撩脚」即「掠　」，與「攝　」皆指用棍棒橫打　脛也。

怨家烏枯眼，無睡天難曉。（項書 566 頁）

項註：「烏枯眼：當是形容凶狠之貌，俟再考。」張註：「喻冤恨仇結，怒目相似。猶如『烏眼雞』。」按：「烏枯眼」當是形容眼睛凹陷。「枯」謂眼瞎，王梵志詩即有「父母眼乾枯，良由我憶你」句。又白居易《秦吉了》詩：「鳶捎乳燕一窠覆，烏啄母雞雙眼枯。」即其例。「枯」亦用以形容井水乾枯，如《舜子變》：「阿耶廳前枯井，三二年來無水。」因井之深凹，轉亦比喻眼之深凹，如《降魔變文》：「頭如蓬窠，項似針釘，肋如朽屋之橡，眼如井底之星。」又此意尚有「瞘瞜」一詞，亦作「甌瞜」、「歐瞜」等形，皆同一聯綿之異寫。《集韻》：「烏侯切）瞘，目深也。」《董西廂》卷二《雙調·文加錦》，「生得眼腦瞘瞜，人材猛浪。」《流星馬》卷三：「眼歐瞜，眉倒粗，達達番軍。」

疑「烏枯」亦為「嘔摳」之異寫。

膿流遍身遶，六賊腹中停。（項書 **568** 頁）

項校：「遶，原作『逸』即遶之形訛。」朱校：『遰』即『逸』，依文義疑當作『浼』。」按：此字即「逸」之俗字，通「溢」。「溢」有「滿」義，P.3468《兒郎偉》有「府庫常盈溢」句，P.3702《兒郎偉》有「家國倉庫盈滿」句，可證「溢」義同「滿」。故「膿流遍身逸《義即滿身流膿也。

吾今乍無初，還同昔日你。（項書 **568** 頁）

項校：「初，原作『衲』。《校輯》改作『物』，非是。乍無初：初窮之時。」按：「初」、「物」形近易亂，此處宜作「物」。詩中云「吾家昔富有，你身窮欲死。你今初有錢，與我昔相似」，「錢」、「物」蓋對稱也，故「乍無物」義即「乍無錢」。

後母即後翁，故故來相值。故來尋常事，欲得家裏知。孤養小兒子（原**本至此止**）。（項書 **570** 頁）

按：朱書此處校「知」為「和」，並於「故來」句上補缺文一句，作：後母即後翁，故故來相值。□□□□□，故來尋常事。欲得家裏和，孤養小兒子。」近是。蓋原卷末了不殘，而「知」為平聲字不入韻。至於「值」則為多音字，有「直吏」切一音，故與「事」、「子」及前文「死」、「使」、「地」、「你」、「喜」等皆仄聲押韻。

（原載內刊《新疆文物》1991 年第 3 期）

地域文化研究叢書・敦煌文化研究叢刊　A0204013

敦煌語言文獻研究　上冊

作　　者　黃　征
版權策畫　李煥芹
責任編輯　曾湘綾

發 行 人　林慶彰
總 經 理　梁錦興
總 編 輯　張晏瑞
編 輯 所　萬卷樓圖書股份有限公司
排　　版　菩薩蠻數位文化有限公司
印　　刷　百通科技股份有限公司
封面設計　菩薩蠻數位文化有限公司

出　　版　昌明文化有限公司
桃園市龜山區中原街 32 號
電話 (02)23216565
發　　行　萬卷樓圖書股份有限公司
臺北市羅斯福路二段 41 號 6 樓之 3
電話 (02)23216565
傳真 (02)23218698
電郵 SERVICE@WANJUAN.COM.TW
大陸經銷
廈門外圖臺灣書店有限公司
　電郵 JKB188@188.COM

ISBN 978-986-496-484-0
2020 年 12 月初版二刷
2019 年 3 月初版
定價：新臺幣 360 元

如何購買本書：

1. 轉帳購書，請透過以下帳戶
   合作金庫銀行 古亭分行
   戶名：萬卷樓圖書股份有限公司
   帳號：0877717092596

2. 網路購書，請透過萬卷樓網站
   網址 WWW.WANJUAN.COM.TW

大量購書，請直接聯繫我們，將有專人為您
服務。客服：(02)23216565 分機 610

如有缺頁、破損或裝訂錯誤，請寄回更換

國家圖書館出版品預行編目資料

敦煌語言文獻研究　上冊 / 黃征著. -- 初版.
-- 桃園市：昌明文化出版；臺北市：萬卷
樓發行, 2019.03
　　冊；　　公分
ISBN 978-986-496-484-0(上冊：平裝). --

1.敦煌學　2.語言學

797.9　　　　　　　　　　108003215